Inga von Horn

Wildrezepte

Inga von Horn

Wild-
rezepte

Landbuch
Verlag

Hinweis:

Alle in diesem Buch enthaltenen Angaben, Rezepte, Ratschläge etc. wurden vom Autor nach bestem Wissen erstellt und von ihm und dem Verlag mit größtmöglicher Sorgfalt überprüft. Gleichwohl sind inhaltliche Fehler nicht vollständig auszuschließen. Daher erfolgen die Angaben etc. ohne jegliche Verpflichtung oder Garantie des Verlages oder des Autors. Beide übernehmen deshalb keinerlei Verantwortung und Haftung für etwaige inhaltliche Unrichtigkeiten. Der Haftungsausschluß gilt nicht, soweit nach dem Produkthaftungsgesetz für Personen- und Sachschäden gehaftet wird.

Jeder Leser muß beim Umgang mit den genannten Stoffen, Materialien, Geräten usw. Vorsicht walten lassen, die Gebrauchsanweisungen und Herstellerhinweise beachten und den Zugang für Unbefugte verhindern.

Bei Auswahl und Erwerb des Wildes sind selbstverständlich die Artenschutz- und Jagdgesetze zu beachten.

Titelfoto: Frank v. Frankenstein, Eschershausen

© Landbuch-Verlag GmbH, Hannover, 1993

Alle deutschen Rechte vorbehalten. Reproduktionen, Speicherung in Datenverarbeitungsanlagen, Wiedergabe auf elektronischen, fotomechanischen oder ähnlichen Wegen, Funk und Vortrag – auch auszugsweise – nur mit Genehmigung des Verlages.

Satz, Druck und buchbinderische Verarbeitung:
Landbuch-Verlag GmbH, Hannover

ISBN 3 7842 0492 9

Inhalt

Hinweis zu den Rezepten des Buches

Sofern nicht anders angegeben, beziehen sich alle Rezepte auf 4 Personen. Die bei den Zutaten gebrauchten Abkürzungen bedeuten:

TL = Teelöffel voll,
EL = Eßlöffel voll,
2 cl = Schnapsglas,
Prise = so viel, wie zwischen Daumen und Zeigefinger gehalten werden kann,
Msp. = Messerspitze, so viel, wie auf die Spitze eines Messers paßt,
TK = tiefgekühlte Ware.

Vorwort

Die Zubereitung und das Verspeisen von Wild, vor allem wenn Gäste geladen sind, gilt immer noch als etwas Besonderes und erfreut sich zunehmender Beliebtheit. Immer wieder wird nach neuen Rezeptbüchern gefragt, und auch in der Reihe der Jägerbücher des Landbuch-Verlages wurde eine Sammlung mit Wildrezepten bisher vermißt.

Bei den hier vorgelegten Rezepten, die alle in meiner Küche praxiserprobt wurden, habe ich die volle kulinarische Bandbreite des heimischen Wildes berücksichtigt. Besonderen Wert habe ich auf einfache Zubereitung und leichtes Nachkochen gelegt. Deshalb sind die Rezepte auch grundsätzlich modernisiert, der heutigen Küche angepaßt – selbst wenn sie „aus fürstlicher Zeit" stammen.

Allen, die dieses Buch zur Hand nehmen, wünsche ich einen „Guten Appetit" beim Ausprobieren der einzelnen Wildrezepte!

im Januar 1993   Inga von Horn

Suppen
und
Eintöpfe

Wildkraftbrühe

Zutaten:

500–600 g Wild- und
Wildgeflügelknochen,
1 TL Tomatenmark, ¼ l trockener
Rotwein, 100 g Suppengrün,
500 g Wildfleisch, 1 Eiweiß, Salz,
weißer Pfeffer, 1 Lorbeerblatt,
6 Wacholderbeeren, 2 Nelken,
⅛ l Burgunderrotwein.

Zubereitung:

Die Knochen von allen Seiten in etwas Fett kräftig anbraten, 50 g feingehacktes Suppengemüse zugeben und
leicht bräunen. Tomatenmark mit ⅛ l Wasser aufgießen
und einkochen lassen. Danach mit 1 l Wasser und Rotwein auffüllen und 2 Stunden leicht kochen lassen. Die
Brühe anschließend durch ein feines Sieb passieren und
abkühlen lassen.
Das durch die grobe Scheibe des Fleischwolfes gedrehte
Wildfleisch mit kaltem Wasser bedecken und 2–3 Stunden stehenlassen. Das Eiweiß, die anderen 50 g des
Suppengrüns, Salz und Pfeffer, zerdrückte Wacholderbeeren, Lorbeerblatt und Nelken sowie das eingeweichte Wildfleisch in einen Topf geben, mit der abge-
kühlten Wildknochenbrühe auffüllen und alles langsam
erhitzen, nicht kochen. Vor dem Servieren die Brühe
durch ein Tuch oder ganz feines Haarsieb passieren, den
Burgunder dazugeben und die Brühe mit Salz und Pfeffer abschmecken.

Jagdsuppe „Extra"

Zutaten:
*80 g grüne Erbsen, 1 kl. Karotte,
Salz, ½ l Wildkraftbrühe (Glas),
20 g Mehl, 10 g Butter,
⅛ l süße Sahne, 5 cl Sherry,
100 g Wildfleisch,
⅛ l Schlagsahne, 1 Eigelb,
½ TL Curry, 40 g geriebener
Emmentaler Käse.*

Zubereitung:
Die Erbsen und Karotte in ¼ l leicht gesalzenem Wasser garkochen. Die Karotte herausnehmen und die Erbsen durch ein Sieb streichen. Die Butter mit Mehl verkneten und die Brühe damit binden, dann die Wildkraftbrühe zugeben. Mit Sherry und süßer Sahne abschmecken. Als Einlage das gewürfelte, gare Wildfleisch zugeben. Unter die geschlagene Sahne ein Eigelb ziehen, mit Curry abschmecken, auf die Suppe geben, mit geriebenem Emmentaler Käse bestreuen und bei Oberhitze kurz überbacken.

Fasanen-Linsen-Eintopf

Zutaten:
8 Fasanenkeulen, Butter, 4 dicke
Scheiben Räucherspeck,
2 feingehackte Zwiebeln,
300 g getrocknete Linsen, über
Nacht gewässert, oder 400 g
Linsen aus der Dose, Salz,
weißer Pfeffer, Lorbeerblatt,
abgeriebene Zitronenschale,
50 g Mehl, Öl zum Anschwitzen,
saure Sahne, gehackte Petersilie,
Geflügelbrühe (Instant).

Zubereitung:
Die Fasanenkeulen mit Salz und Pfeffer würzen, in heißem Fett von allen Seiten scharf anbraten und herausnehmen. Im Bratsatz Zwiebelwürfel und Speckscheiben
leicht anbraten, die Linsen dazugeben, alles kurz erhitzen und mit Geflügelbrühe bedecken. Die Fasanenkeulen und Gewürze hineingeben und alles zugedeckt etwa
1½ Stunden garen. Das Mehl in etwas Öl leicht bräunen
und unter die Linsen rühren. Linsen auf tiefen Tellern
anrichten, mit saurer Sahne und gehackter Petersilie
verfeinern, mit den Fasanenkeulen und Speckscheiben
belegen.

Hasencremesuppe

Zutaten:
*600 g Hasenklein, 1 Zwiebel,
Wacholderbeeren, Pfefferkörner,
Salz, 40 g Butter, 30 g Mehl,
1 EL Johannisbeergelee,
1 TL scharfer Senf, Zitronensaft,
Orangensaft, 250 g frische
geschnittene Champignons, oder
150 g geschnittene Champignons
aus der Dose, 1 Becher süße
Sahne, mit Eigelb verquirlt.*

Zubereitung:
Das Hasenklein mit der grobgehackten Zwiebel und Gewürzen in 1 l Wasser kochen, Hasenklein herausnehmen, das Fleisch auslösen und mundgerecht würfeln. Die Brühe durch ein Sieb passieren. Das Mehl in Butter goldgelb bräunen, die Champignons dazugeben und mit der Brühe auffüllen, dann das Fleisch dazugeben. Die Sahne mit dem verquirlten Eigelb langsam in die Suppe rühren und heiß servieren.

Jägersuppe
(für etwa 10 Personen)

Zutaten:

1 kg Wildbretabschnitte, Butter,
2½ l Wildbrühe (Glas),
100 g getrocknete Linsen, über
Nacht gewässert oder 200 g
Linsen aus der Dose,
200 g gehacktes Suppengrün,
½ TL Rosmarin und Thymian,
30 g hellbraune Mehlschwitze,
0,2 l trockener Rotwein.

Zubereitung:

Die Linsen mit Wasser bedecken und mit Suppengrün, Salz und den Kräutern zum Kochen ansetzen. Die Fleischabschnitte in Butter anbraten, mit Wildbrühe auffüllen und gut durchkochen. Sobald das Fleisch gar ist, ablösen und im Mixer feinpürieren. Den Fond zu den Linsen geben, mit Mehlschwitze binden, kurz durchkochen und durch ein Sieb passieren. Die Hälfte vom Fleisch dazugeben, aus der anderen Hälfte kleine Klöße formen und ebenfalls an die Suppe tun, Rotwein dazugeben und gut abschmecken.

Beilage:

Kräftiges Schwarzbrot

Wildsuppe Nimrod

Zutaten:
500 g Wildknochen,
200 g Wildbretabschnitte, Öl,
1 grobgeschnittene Zwiebel,
2 EL gehackte Petersilie,
Stärkemehl, ½ l Wildbrühe (Glas),
100 g kleingeschnittenes
Suppengrün, 0,2 l Rotwein, Salz,
weißer Pfeffer, Thymian,
Pfefferkörner, Wacholderbeeren,
1 Lorbeerblatt.

Zubereitung:

Die Wildknochen mit Zwiebeln, Suppengrün und den Gewürzen in heißem Öl kräftig anbraten. Dabei häufig umrühren. Wildbrühe zugießen und langsam kochen lassen. Das Fleisch herausnehmen und feinwürfeln, die Brühe durch ein Sieb passieren und mit Stärkemehl leicht binden. Mit Rotwein verfeinern und gegebenenfalls nachwürzen. Das Fleisch in Suppentassen geben und mit viel Wildsuppe auffüllen. Mit Petersilie überstreuen und heiß servieren.

Wildsuppe Hubertus

Zutaten:
400 g Wildbretfleisch von Hals,
Kamm oder Abschnitte,
1 EL Johannisbeergelee,
2 cl Weinbrand, ½ TL mittel-
scharfer Senf, Saft von 1 Orange,
Öl, 1 geviertelte Zwiebel,
1 geschnittene Möhre, Salz,
weißer Pfeffer, Wacholderbeeren,
Gewürznelken, 1 Lorbeerblatt.

Zubereitung:
Das Fleisch und Gemüse in heißem Öl kräftig anbraten, dann etwa 1 l Wasser auffüllen und mit Zwiebel, Möhre und den Gewürzen langsam kochen. Die Brühe dann durch ein Sieb in einen anderen Topf passieren. Das Fleisch ohne Sehnen und Haut feinwürfeln, die restlichen Zutaten dazugeben und alles etwa 10 Minuten köcheln lassen. Suppe kräftig mit Salz und Pfeffer abschmecken und heiß servieren.

Beilagen:
Toast und Kräuterbutter

Wildgulaschsuppe

Zutaten:
250 g Wildbretfleisch,
1 EL gehackte Petersilie,
4 EL saure Sahne, 100 g in
Scheiben geschnittene Zwiebeln,
60 g in Streifen geschnittener
Räucherspeck, 100 g roter
Gemüsepaprika in Streifen,
200 g geschnittene Waldpilze (aus
dem Delikateßgeschäft), oder
100 g geschnittene Waldpilze aus
der Dose, Salz, Pfeffer, Zucker,
Paprika, (edelsüß), ⅛ l kräftiger
Rotwein, ¾ l Wildfond (Glas).

Zubereitung:
Das Fleisch in etwa 1 cm große Würfel schneiden. Den Speck auslassen, die Zwiebel dazugeben und beides hellbraun werden lassen. Das Fleisch dazugeben und alles kräftig anbraten, mit Salz, Pfeffer und einer Prise Zucker würzen, reichlich mit Paprika bestäuben, mehrmals umrühren. Dann Rotwein und Wildfond auffüllen, etwa 30 Minuten köcheln lassen. Paprikastreifen und Pilze dazugeben und fertiggaren. Zuletzt abschmecken, auf jede Portion 1 EL saure Sahne geben, mit Petersilie überstreuen und heiß servieren.

Beilagen:
Bauernbrot oder Salzbrezeln

Wildbreteintopf

Zutaten:
800 g Wildfleisch, ½ l kräftiger
Rotwein, 1 Lorbeerblatt,
4 Gewürznelken, Pfefferkörner,
1 in Scheiben geschnittene
Zwiebel, 200 g feingehacktes
Suppengrün, Salz, Pfeffer,
1 EL gehackte Petersilie,
400 g gewürfelte Kartoffeln,
1 Prise Zucker, ½ l Wildbrühe
(Glas)

Zubereitung:

Das Fleisch in 3 cm große Würfel schneiden und in Rotwein, Lorbeerblatt, Gewürznelken und Pfefferkörnern 12 Stunden einlegen. Dann abgetropft in einen Topf mit Zwiebelscheiben und Suppengrün geben. Alles mit heißer Wildbrühe übergießen, salzen, pfeffern, aufkochen und etwa 20 Minuten köcheln lassen, mehrmals abschäumen. Dann die Kartoffeln dazugeben und alles fertiggaren. Vor dem Servieren mit Salz, Pfeffer und einer Prise Zucker abschmecken, in vorgewärmter Terrine anrichten und mit gehackter Petersilie bestreuen.

Fasaneneintopf

Zutaten:
1 Fasan, 500 g Wildschweinfleisch,
2 Mohrrüben,
2 Petersilienwurzeln,
½ Wirsingkohlkopf,
1 Paprikaschote, 1 Tomate,
1 Zwiebel, 5 Champignons,
1 Knoblauchzehe, Salz,
Pfefferkörner,
100 g Fadennudeln.

Zubereitung:
Den gesäuberten Fasan und das Wildschweinfleisch eine gute halbe Stunde in 2 l Wasser kochen, den Schaum mehrmals abschöpfen. Den zerkleinerten Wirsing, in Scheiben geschnittene Paprikaschote, Tomaten, Mohrrüben, Petersiliewurzeln, Pilze, Zwiebel und einige Pfefferkörner dazugeben, nach Geschmack salzen. Den ausgepreßten Knoblauch dazugeben, wenn das Fleisch fast gar ist, alles auf kleiner Flamme garkochen. Das Fleisch herausnehmen, die Suppe durch ein Sieb passieren. Das Fleisch von den Knochen lösen, feinwürfeln und zusammen mit dem Gemüse und den Pilzen wieder in die Suppe geben. Fadennudeln dazugeben, alles nochmals erhitzen und heiß servieren.

Beilage:
Roggenbrötchen.

Hase

und

Kaninchen

Alle nachstehenden Rezepte können auch mit Kaninchen- anstelle von Hasenfleisch gekocht werden. Dabei sollten entweder die Fleischmengen des (kleineren) Kaninchens etwas erhöht oder die Gewürzmengen etwas reduziert werden.

Hasenschüssel

Zutaten:
1 Hase, 1 Glas Rotwein, Salz,
schwarzer Pfeffer, 3 Nelken,
1 Lorbeerblatt,
5 Wacholderbeeren,
5 Pfefferkörner,
1 Knoblauchzehe, 20 g Butter,
125 g feingehackte Zwiebel,
250 g frische Champignons oder
100 g Champignons aus der Dose,
1 EL Mehl, 2 cl Weinbrand.

Zubereitung:
Den küchenfertig zerlegten Hasen mit Rotwein und Wasser halb bedeckt aufsetzen. Die Gewürze zugeben und leicht kochend garen. Das Fleisch herausnehmen und warmstellen. Die Zwiebeln in Butter dünsten, mit den Champignons zur Brühe geben und kurz darin garen. Die Sauce mit etwas Stärkemehl andicken, den Weinbrand zugießen und die Fleischstücke wieder dazugeben, alles kurz durchziehen lassen. Mit Salz und Pfeffer kräftig abschmecken.

Beilagen:
Butternudeln und Tomatensalat.

Hase „Försterin Art"

Zutaten:

*1 Hase, 1 l Buttermilch, ½ Tasse
Kräuteressig, 150 g Räucherspeck,
1 Zwiebel, ¾ l Fleischbrühe
(Instant), 1 EL Johannisbeergelee,
2 EL Essig, 1 TL geriebener
Meerrettich, ¼ l süße Sahne,
1 Tasse gedünstete Möhren,
2 Gewürzgurken, Salz,
schwarzer Pfeffer.*

Zubereitung:

Den küchenfertigen Hasen in 6 Teile zerlegen und diese
12–24 Stunden in der Buttermilch, der ½ Tasse Essig
zugefügt wurde, einlegen und beizen lassen.
Danach abwaschen und abtrocknen. Räucherspeck und
Zwiebel in Würfel schneiden. Hasenteile kräftig salzen
und pfeffern und in den Speck- und Zwiebelwürfeln von
allen Seiten gut anbraten. Mit der Brühe auffüllen und
etwa 1½ Stunden schmoren lassen. Dann das Fleisch
aus der Brühe nehmen. In den Bratensud Johannisbeergelee, 2 EL Essig, den Meerrettich und die Sahne
rühren. Zusammen mit dem Fleisch die Möhren und die
in Scheiben geschnittenen Gurken dazugeben. Mit Salz
und Pfeffer nochmals abschmecken und nach Wunsch
die Sauce mit etwas Stärkemehl andicken.

Beilagen:

Kartoffelklöße, Rotkohl.

Hasenrücken

Zutaten:
1 Hasenrücken,
125 g Schinkenspeckscheiben,
250 g fette Speckscheiben,
⅛ l saure Sahne, Estragonsenf,
½ Tasse Madeira oder Rotwein,
schwarzer Pfeffer, Salz, 1 Lorbeerblatt.

Zubereitung:
Den Hasenrücken mit Estragonsenf bestreichen und mit den Schinkenspeckscheiben belegen. Einen Bräter mit den Speckscheiben auslegen, darauf den Hasenrücken legen. Im Backofen bei 220 Grad 40 Minuten garen. Wenn er beginnt, braun zu werden, mit einem Schuß Madeira begießen. Den Bratenfond mit saurer Sahne verrühren und mit Salz und Pfeffer abschmecken, das Lorbeerblatt entfernen, nach Geschmack die Sauce mit etwas Stärkemehl binden. Den Rücken tranchieren, die Sauce getrennt dazu servieren.

Beilagen:
Kartoffelpüree und Preiselbeerkompott.

Hasenrücken in Champignonsauce

Zutaten:
1 Hasenrücken, 100 g Butter,
⅛ l saure Sahne, ⅛ l Brühe (Instant),
200 g frische Champignonköpfe oder 1 Dose,
Stärkemehl, Salz, schwarzer Pfeffer,
½ Glas trockener Weißwein.

Zubereitung:
Den küchenfertigen Hasenrücken salzen und pfeffern, in einem Bräter mit heißer Butter übergießen und im Backofen bei 220 Grad 40 Minuten garen. Wenn der Rücken braun wird, je $1/8$ l saure Sahne und Brühe angießen und fertiggaren. Die Champignons halbieren und mit ihrem Saft zufügen und 5 Minuten mitschmoren. Den Bratenfond nach Bedarf mit etwas Brühe auffüllen und mit Stärkemehl binden. Mit Salz, Pfeffer und Weißwein abschmecken, heiß servieren.

Beilagen: Kartoffelkroketten und Rosenkohl.

Römisches Hasenpfeffer

Zutaten:
Vorderläufe, Brust, Hals,
Innereien, 2 Zwiebeln,
100 g Rindermark, 2 EL gehackte Petersilie,
2 Glas Rotwein, ½ Stange Zimt,
einige Pfefferkörner, 1 Lorbeerblatt,
1 Prise Thymian, Salz, Pfeffer,
⅛ l saure Sahne, 1 Glas Madeira.

Zubereitung:
Das Rindermark in einem Topf zergehen lassen, die feingewürfelten Zwiebeln und Petersilie zugeben und kräftig anbräunen. Das gesäuberte Hasenfleisch und die Gewürze dazugeben, anbraten und mit Rotwein ablöschen, garen lassen. Die Sauce mit der sauren Sahne, Rotwein, Madeira, Salz und Pfeffer abschmecken.

Beilagen: Butterspätzle und Blattsalat

Hasenkeule in Wacholderrahm

Zutaten:
4 Hasenkeulen, 80 g fetter
Räucherspeck, Butter, Salz,
schwarzer Pfeffer,
10 Wacholderbeeren,
½ l Wildfond (Glas),
1 Becher süße Sahne,
Mehl, Johannisbeergelee.

Zubereitung:
Die küchenfertigen Hasenkeulen säubern, von Haut und Sehnen befreien und mit dem in Streifen geschnittenen Speck spicken, kräftig mit Salz und Pfeffer würzen, in heißem Fett anbraten, mit Wildfond knapp bedecken und zugedeckt in einem Bratentopf bei mittlerer Hitze garen. Die Keulen herausnehmen und warmstellen. Den Fond mit dem in Butter verkneteten Mehl binden, mit Sahne und frisch gemahlenen Wacholderbeeren kurz aufkochen und durch ein Sieb passieren. Die Hasenkeulen mit der Sauce auf einer Bratenplatte übergießen und mit Johannisbeergelee dekorieren.

Beilagen:
Kartoffelkroketten und in Butter geschwenkte Waldpilze.

Hasengulasch

Zutaten:
1 Hase, außer dem Rücken,
entbeint und in Würfel
geschnitten, 80 g Öl, 4 Zwiebeln,
in Scheiben geschnitten,
Salz, schwarzer Pfeffer,
5 zerdrückte Wacholderbeeren,
1 Prise Edelsüß-Paprika, ½ l Wildfond (Glas),
25 g Mehl, 1 Becher saure Sahne.

Zubereitung:
Die Zwiebeln in heißem Öl hellbraunbraten, die Fleisch-würfel dazugeben, alles kräftig bräunen, mit Salz und Pfeffer würzen und mit Wildfond auffüllen. Zugedeckt etwa 1 Stunde garen. Kurz vor Ende der Garzeit Mehl in die Sahne rühren und das Gulasch damit binden, noch-mals kurz aufkochen, abschmecken und anrichten.

Beilagen: Butternudeln und eingelegte rote Bete.

Variationen:
150 g frische in Scheiben geschnittene Champignons oder 1 kleine Dose in Scheiben geschnittene Champi-gnons dazugeben. ½ Glas entsteinte Sauerkirschen und ½ Stange Zimt sowie 3 Nelken vor Ende der Garzeit zugeben und kurz mitgaren.

Anmerkung:
Auf gleiche Weise läßt sich Gulasch von allen anderen Wildbretarten zubereiten.
Wildgulasch mit geschmorten Wildfrüchten, wie Preisel-beeren oder entsteinten Weichselkirschen, und saurer Sahne verfeinern. Die Zugabe von etwas Pilzpulver oder getrockneten Pilzen unterstreicht den Wildgeschmack.

Gebratener Hasenrücken

Zutaten:
2 gespickte Hasenrücken, Butter,
Salz, schwarzer Pfeffer,
5 Wacholderbeeren,
0,1 l trockener Rotwein,
½ l Wildfond (Glas), 25 g Mehl,
1 Becher saure Sahne, 1 Orange.

Zubereitung:
Die Hasenrücken an der Wirbelsäule mehrmals einhakken oder einen Metallstab in das Rückgrat schieben, damit sich die Rücken nicht verformen. Mit Salz und Pfeffer kräftig einreiben und in heißem Fett unter öfterem Begießen etwa 15 Minuten zusammen mit den Wacholderbeeren schön saftig braten, dann warmstellen. Den Bratensatz mit Rotwein und Wildfond aufkochen, mit dem in Butter verkneteten Mehl binden, abschmecken, nachwürzen und durch ein Sieb passieren. Die Rücken portionieren und auf einer Bratenplatte mit Orangenscheiben garniert servieren. Die Sauce getrennt dazu reichen.

Beilagen:
Kartoffelbällchen und Brokkoli.

Geschmorte Hasenkeule in Rahmsauce mit Datteln und Rosinen

Zutaten:
4 bratfertige Hasenkeulen, Salz,
schwarzer Pfeffer, Öl,
1 Tasse Rotwein, je 50 g Rosinen und Datteln,
in Rotwein eingeweicht
(Datteln entkernt, geschnitten),
⅛ l Wildfond (Glas), Speisestärke,
1 Becher süße Sahne,
Zitronensaft, 1 Bund Petersilie.

Zubereitung:
Die Hasenkeulen mit Salz und Pfeffer kräftig würzen und in Öl braun anbraten. Mit Rotwein und Wildfond auffüllen und bei mittlerer Hitze langsam garen. Die Keulen herausnehmen und warmstellen. Den Fond mit Speisestärke binden, die Sahne, Rosinen und Datteln dazugeben und die Sauce pikant und würzig mit Zitronensaft, Salz und Pfeffer abschmecken. Die Keulen auf eine Bratenplatte legen und mit der Sauce übergießen, mit einigen Petersilienbüscheln garniert servieren.

Beilage:
Wildreis

Hasenwickel

Zutaten:
*1 küchenfertiger Hase, 12 bis 15
große, dünngeschnittene
Räucherspeckscheiben, ⅛ l Brühe
(Instant), 3 EL Olivenöl,
4 Zwiebeln, 4 Tomaten,
10 entkernte grüne Oliven,
Thymian, Rosmarin, Salz,
schwarzer Pfeffer.*

Zubereitung:
Den Hasen säubern und zerlegen. Die Teile salzen, pfeffern und mit einer Mischung aus Rosmarin und Thymian kräftig einreiben. Die Fleischstücke mit 1–2 Speckscheiben umwickeln und mit Küchengarn binden. Den Boden einer Kasserolle ölen und die gehackten Zwiebeln einstreuen, darauf die Fleischteile legen. Darüber die gewürfelten Tomaten geben. Öl und Brühe angießen und im geschlossenen Topf etwa 45 Minuten schmoren, zwischendurch öfter wenden. Wenn das Fleisch gar ist, herausnehmen und warmstellen. Den Bratenfond durch ein Sieb streichen, eventuell mit etwas Speisestärke binden und würzig abschmecken. Die Fäden vom Fleisch entfernen, dieses auf eine Bratenplatte legen und mit dem Mus überdecken.

Beilage:
Baguette oder Brot.

Geschmorter Hase in Rotwein

Zutaten:
1 küchenfertiger Hase, Salz,
8 EL Öl, ¼ l trockener Rotwein,
1 kg Zwiebeln, 250 g Tomaten,
2 Knoblauchzehen,
50 g Tomatenmark,
¼ TL frisch gemahlener Pfeffer,
1 Msp. gemahlener Piment,
3 Nelken, ½ Zimtstange,
2 Lorbeerblätter,
½ Becher Schlagsahne (125 g),
½ TL Speisestärke, 1 Prise Zucker.

Zubereitung:
Den Hasen in Stücke schneiden, salzen und leicht pfeffern. In 4 EL heißem Öl rundum kräftig anbraten, dann den Wein zugießen. Im geschlossenen Topf etwa 30 Minuten schmoren. Die Zwiebeln grobwürfeln und im restlichen Öl anschmoren. Die Tomaten überbrühen, enthäuten und kleinschneiden. Die abgezogenen Knoblauchzehen feinhacken. Zwiebeln, Tomaten, Knoblauch, Tomatenmark, Pfeffer, Piment, Nelken, Zimt und Lorbeerblätter zum Hasen geben und weitere 30 Minuten schmoren. Die Schlagsahne mit Speisestärke verrühren, in den Bratenfond rühren, kurz aufkochen. Mit Salz und Zucker abschmecken. Das Fleisch auf einer Bratenplatte mit Sauce übergossen heiß servieren.

Beilage:
Salzkartoffeln.

Gefülltes Hasenfilet

Zutaten:

2 enthäutete Hasenrücken,
4 küchenfertige Hasenfilets,
150 g Schweinegehacktes,
⅛ l Fleischbrühe (Instant),
150 g geschnittene Champignons,
1 Ei, 1 Zwiebel, Salz, Pfeffer,
½ Tütchen Pastetengewürz,
1 Bund gehackte Petersilie,
Butter, 0,1 l Rotwein.

Zubereitung:

Die Rückenfilets auslösen und jeweils in zwei gleich große Stücke schneiden. Dann längs so aufschneiden, daß die Hälften noch zusammenhängen, auseinander- klappen, leicht flachdrücken und mit Salz und Pfeffer würzen. Das Schweinegehackte, Champignons, Zwiebel- würfel, Ei und Gewürze durch den feinen Einsatz des Fleischwolfes drehen und zu einer geschmeidigen Masse vermischen. Dann auf die Filets verteilen. Filets zusammenrollen und mit Küchengarn umwickeln. Die Fleischrollen in heißem Fett im Backofen unter öfterem Begießen langsam braten. Den Bratensatz mit Rotwein und der Brühe aufkochen. Die Filets in schräge Scheiben schneiden, auf einer Platte getrennt von der Sauce ser- vieren.

Beilagen:

Kartoffelkroketten und Butterbohnen.

Hasensteaks mit Kräuterrahm

Zutaten:
2 küchenfertige Hasenrücken
(bzw. 4 küchenfertige Hasen-
filets), Butter, Mehl, Salz,
schwarzer Pfeffer,
gehackte frische Kräuter
(Petersilie, Kerbel, Estragon, Thymian),
⅛ l Fleischbrühe, ½ Becher
Schlagsahne, Speisestärke.

Zubereitung:
Die Rückenfilets auslösen, vorsichtig häuten, jedes Filet in gleich große Stücke schneiden und flachdrücken. Dann mit etwas Salz und Pfeffer würzen, in Mehl wälzen und in sehr heißer Butter von beiden Seiten scharf anbraten, das Innere sollte dabei noch leicht rosa bleiben. Die Steaks sofort anrichten und heißstellen. Die Kräuter im Bratensatz kurz anschwenken, die Brühe und die Sahne angießen und zusammen 3 Minuten leicht köcheln lassen, mit etwas Speisestärke andicken, abschmecken und zu den Steaks servieren.

Beilage: Kartoffelpüree.

Hase mit Pilzen

Zutaten:
Hasenrücken und Keulen,
250 g Champignons, 1 EL Mehl,
1 EL Butter, ⅛ l Fleischbrühe (Instant),

½ *Becher saure Sahne, Salz,*
schwarzer Pfeffer, 1 Bund Petersilie.

Zubereitung:
Den Hasen küchenfertig vorbereiten, das Fleisch von den Knochen lösen und in fingerbreite Streifen schneiden. In heißer Butter kurz anbraten. Salzen und pfeffern, dann ein wenig Fleischbrühe darübergießen und zugedeckt auf kleiner Flamme garen. Wenn erforderlich, etwas Brühe nachgießen. Ist das Fleisch gar, die in Scheiben geschnittenen Pilze und die feingehackte Petersilie dazugeben. Die Sauce mit Mehl eindicken, die saure Sahne unterrühren und in einer Schüssel servieren.

Beilage: In Brühe gegarter Reis.

Paprikahase

Zutaten:
1 kg Hasenfleisch, 1 Zwiebel,
1 EL Tomatenmark, 1 EL Butter,
½ Becher saure Sahne, 1 EL Mehl,
⅛ l Fleischbrühe (Instant), Salz, Pfeffer, Paprika.

Zubereitung:
Das Fleisch in mundgerechte Stücke schneiden. Die gewürfelte Zwiebel in Butter andünsten, Tomatenmark, Salz sowie etwas Paprika dazugeben, das Fleisch hineinlegen und im eigenen Saft schmoren, bis die Flüssigkeit verdunstet ist. Dann die Brühe aufgießen und das Fleisch garen. Das Mehl in saurer Sahne verrühren, zur Sauce geben und abschmecken.

Beilagen: Spaghetti und grüner Salat.

Hase im Kessel

Zutaten:
1 Hase, 2 Zwiebeln, 1 EL Butter,
300 g festkochende Kartoffeln,
½ Becher saure Sahne, Salz,
Paprika, gemahlener Pfeffer,
geriebene Muskatnuß.

Zubereitung:
Den gesäuberten Hasen entbeinen, das Fleisch in Würfel schneiden. Währenddessen im Topf die in dünne Ringe geschnittenen Zwiebeln in heißer Butter goldgelb dünsten, das Fleisch dazugeben, salzen und im eigenen Saft dünsten. Danach gerade soviel Waser dazugeben, daß das Fleisch bedeckt ist. Die geschälten Kartoffeln würfeln und in den Topf geben. Wenn alles fast gar ist, mit Paprika, Pfeffer und Muskatnuß würzen. Die saure Sahne unterrühren und nochmals kurz aufkochen. Im Topf servieren.

Tip:
Besonders lecker läßt sich das Gericht in einem Römertopf zubereiten.

Beilage:
Deftiges Landbrot.

Hasenrücken „Extra"

Zutaten:
1 Hasenrücken,
100 g Räucherspeck in Scheiben,
2–3 Knoblauchzehen, 3 EL Butter,
2 EL Mehl, 1 Mohrrübe,
1 Petersilienwurzel,
0,3 l trockener Rotwein,
3 Zitronen, 4 Champignons,
1 Becher saure Sahne,
Salz, Pfefferkörner, 1–2 Lorbeerblätter.

Zubereitung:
Den Hasenrücken mit Speckscheiben und Knoblauchstif-
ten spicken. In einem Schmortopf in Butter auf beiden
Seiten kurz und kräftig anbraten. Das in Scheiben
geschnittene Wurzelwerk dazugeben und den Wein aufgießen. Mit Salz, Lorbeerblättern, Pfefferkörnern würzen. Den Saft der Zitronen und ein Stückchen Zitronenschale dazugeben und auf kleiner Flamme garen, dann
die Pilze dazugeben. Mit 1 EL Butter und dem Mehl eine
dunkle Mehlschwitze bereiten, etwas Wasser aufgießen
und zum Fleisch geben. Das Fleisch von den Knochen
lösen, in fingerdicke Scheiben schneiden, in eine Schüssel legen, die Pilze darauflegen. Das Wurzelwerk durch
ein Sieb passieren, den Fond mit der Sahne vermischen
und unter die Mehlschwitze rühren. Die abgeschmeckte
Sauce über das Fleisch gießen und servieren.

Beilagen:
Rösti oder Kartoffelpuffer.

Reh

Rehragout mit Champignons

Zutaten:
750 g Rehfleisch ohne Knochen,
Öl zum Anbraten, 5 Zwiebeln,
250 g Champignons, Salz,
schwarzer Pfeffer, Zucker,
½ TL Basilikum,
1–2 EL Tomatenmark,
⅛ l Fleischbrühe (Instant),
⅛ l kräftiger Rotwein,
1 Becher saure Sahne.

Zubereitung:
Das Fleisch abtrocknen und in mundgerechte Würfel schneiden, das Öl im Topf erhitzen und das Fleisch von allen Seiten bei großer Hitze kräftig anbraten. Feingewürfelte Zwiebeln, blättriggeschnittene Champignons und Gewürze dazugeben und anbräunen. Tomatenmark mit Brühe und Wein verrühren, in den Topf geben und alles etwa 60 Minuten bei mittlerer Hitze schmoren lassen. Anschließend mit saurer Sahne binden und abschmecken.

Beilagen:
Reis und Kopfsalat.

Rehgulasch

Zutaten:
1,5 kg Schulterblatt, 1 Mohrrübe,
1 Petersilienwurzel, 1 Zwiebel,
1 Knoblauchzehe, 1 EL Butter,
400 g Kartoffeln, Salz,
5–7 Pfefferkörner,
2 EL saure Sahne,
1 Bund Petersilie,
Paprika (edelsüß), Salz,
schwarzer Pfeffer.

Zubereitung:
Das Fleisch vom Knochen lösen und mundgerecht würfeln. Die feingehackte Zwiebel in der Butter goldgelb rösten, das Fleisch dazugeben und unter häufigem Rühren schmoren, bis das Fleisch weiß wird. Mit Paprika und Pfefferkörnern würzen, salzen, mit Wasser aufgießen. Nach einstündigem Kochen das feingeschnittene Wurzelwerk und die zerdrückte Knoblauchzehe dazugeben, das Fleisch gardünsten. Wenn das Fleisch weich zu werden beginnt, die in Würfel geschnittenen Kartoffeln dazugeben und fertig garen. Die feingehackte Petersilie und die saure Sahne dazugeben, vermengen und kurz mit erhitzen. Mit Salz und Pfeffer abschmecken. Nach Geschmack mit etwas Speisestärke andicken.

Rehpörkölt

Zutaten:
*2 kg Rehklein (Rippchen, Schulter,
Hals), 2 Zwiebeln, 1 EL Butter,
2 Paprikaschoten, 2 Tomaten,
¼ l Brühe (Instant), Stärkemehl,
Salz, Paprika (edelsüß), schwarzer Pfeffer.*

Zubereitung:
Das Fleisch grobwürfeln und in kaltem Wasser gut wässern. Die feingewürfelte Zwiebel in der Butter in einem Bratentopf goldgelb anrösten, das Fleisch dazugeben, mit Paprika bestreuen und salzen. Die in Streifen geschnittenen Paprikaschoten und Tomatenscheiben dazugeben, alles weichschmoren. Wenn erforderlich, die Knochen vor dem Servieren entfernen und die Sauce mit etwas Stärkemehl binden und mit Salz und Pfeffer abschmecken.

Beilage: Petersilienkartoffeln.

Jäger-Gulasch

Zutaten:
*1,5 kg Schulterblatt und
Rippenstück gemischt,
100 g Räucherspeck, 1 Zwiebel,
300 g Kartoffeln, Salz, 1 EL Edelsüß-Paprika,
schwarzer Pfeffer, 1 kl. Dose Waldpilze oder
150 g frische (Delikateßgeschäft),
Majoran.*

Zubereitung:
Das Fleisch in Würfel schneiden und gründlich wässern. Den Speck würfeln und im Schmortopf auslassen, die in Würfel geschnittene Zwiebel dazugeben und anrösten. Das Fleisch dazugeben und im eigenen Saft schmoren. Wenn die Flüssigkeit fast eingekocht ist, Paprika, Pfeffer und eine Prise Majoran dazugeben. Mit 1½ l Wasser aufgießen und garen. Wenn das Fleisch weich zu werden beginnt, die in Würfel geschnittenen Kartoffeln dazugeben und alles garen. Danach die Pilze dazugeben, alles gut vermengen, mit Salz und Pfeffer abschmecken und heiß servieren.

Rehbraten mit Zitrone

Zutaten:
1 kg Rehkeule,
Zitrone, Salz,
schwarzer Pfeffer, Öl.

Zubereitung:
Das Fleisch in handtellergroße, fingerdicke Scheiben schneiden, flachklopfen, mit Salz und Pfeffer würzen und mit Öl bepinseln. In einer feuerfesten Schüssel eng übereinander legen und 5–6 Stunden zugedeckt an einem kühlen Ort ruhen lassen. Dann das Fleisch in reichlich Öl auf beiden Seiten knusprigbraten. Auf eine Platte legen, mit Zitronensaft beträufeln und mit Zitronenscheiben garnieren.

Beilage:
Kartoffelpüree.

Rehrücken in Wildsauce

Zutaten:

1 kg Rehrücken, 1 Mohrrübe,
1 Petersilienwurzel, 2 EL Butter,
1 EL Mehl, ¼ l Fleischbrühe (Instant),
0,2 l saure Sahne, Salz,
Pfefferkörner, Koriander,
1 Lorbeerblatt, Zucker,
½ Zitrone, Senf, Essig.

Zubereitung:

Das küchenfertige Fleisch zusammen mit den Knochen in Scheiben hacken. Das in Scheiben geschnittene Wurzelwerk und die kleingeschnittene Zwiebel in 1 EL Butter anrösten. Mit Lorbeerblatt, Pfefferkörnern und Koriander würzen, die Fleischscheiben dazugeben, 2–3 Zitronenscheiben hineinlegen. Mit der Fleischbrühe aufgießen und zugedeckt garen. Wenn das Fleisch weich ist, in eine Schüssel geben. Den Bratenfond durch ein Sieb passieren. Mit Mehl und der restlichen Butter eine helle Mehlschwitze bereiten und zu dem passierten Fond geben, mit Senf, Zucker und Essig abschmecken. Die saure Sahne langsam einrühren, alles kurz aufkochen und über das Fleisch in der Schüssel gießen.

Beilage:

Makkaroni.

Frühlings-Rehrücken

Zutaten:
1 kg Rehrücken, 1 Zwiebel,
2 EL Butter, 2 Paprikaschoten,
2 Tomaten, 100 g Erbsen (TK),
150 g Blumenkohl,
100 g Champignons, Salz,
Paprika, edelsüß, schwarzer Pfeffer.

Zubereitung:
Das küchenfertige Fleisch mit den Knochen in Scheiben schneiden. Die Zwiebel reiben oder ganz feinhacken und in der Butter im Bratentopf mit ein wenig Wasser breiig-dünsten. Mit Paprika bestreuen.
Die Fleischscheiben dazugeben, salzen und pfeffern. Zugedeckt bei mittlerer Hitze etwa 60 Minuten garen.
Wenn das Fleisch halbgar ist, die in Scheiben geschnittenen Paprikaschoten, Tomaten, die Blumenkohlröschen und die Erbsen dazugeben.
Wenn das Fleisch gar ist, wird der Saft sämig. Die Pilze für 5 Minuten dazugeben, dann mit Salz und Pfeffer abschmecken, nach Wunsch noch etwas eindicken und servieren.

Beilage:
Countryreis.

Rehrücken mit Orangensauce

Zutaten:
*1 kg Rehrücken,
100 g Räucherspeck, 1 EL Butter,
2 Glas trockener Rotwein,
1 Zwiebel, Salz, 1 Nelke,
1 Glas Orangensaft, 1 Brühwürfel,
schwarzer Pfeffer, Stärkemehl.*

Zubereitung:
Das küchenfertige Fleisch von den Knochen lösen und mit dem Speck spicken. In der Butter rundum anbraten, den Wein dazugießen. Die Zwiebel grobwürfeln, die Nelke in ein Zwiebelstück drücken und mitgaren. Nach ½ Stunde Schmorzeit den Orangensaft und den Brühwürfel an den Fond geben und alles eine weitere halbe Stunde garen. Die verdunstete Flüssigkeit mit Wein ersetzen. Wenn das Fleisch gar ist, in Scheiben schneiden und in eine Schüssel geben. Den Fond durch ein Sieb passieren, mit Salz und Pfeffer abschmecken, nach Wunsch mit Stärkemehl andicken und dann über das Fleisch gießen.

Beilage:
Semmelknödel.

Gespickter Rehrücken

Zutaten:
1,5 kg Rehrücken,
150 g Räucherspeck, 2 EL Öl,
2 Bratensaft-Würfel,
2 EL saure Sahne, 1 EL Stärkemehl,
Salz, schwarzer Pfeffer,
mittelscharfer Senf.

Zubereitung:

Das küchenfertige Fleisch für 2–3 Tage in eine Beize nach Wahl (siehe Abschnitt „Beizen für Wildfleisch") legen. Danach aus der Beize nehmen, mit dem Speck gut spicken, mit Salz, Pfeffer und Senf einreiben, in eine feuerfeste Schüssel geben, mit heißem Öl übergießen und knusprigbraten. Wenn das Fleisch gut angebräunt ist, ein wenig Beize dazugießen und weichdünsten. Dann das Fleisch von den Knochen lösen und in Scheiben schneiden. Die Bratensaftwürfel an den Fond geben und erhitzen. Die Sahne und das Stärkemehl zum Eindikken zufügen, abschmecken und die Sauce über das Fleisch gießen.

Beilage:

Kartoffel-Rösti.

Rehrücken mit Ananas

Zutaten:

1 Rehrücken (etwa 2000 g),
Salz, schwarzer Pfeffer,
2 Wacholderbeeren,
125 g fetter Speck, 50 g Butter,
¼ l saure Sahne, ¼ l Wasser,
2 gestrichene TL Stärkemehl,
1 TL Preiselbeerkompott, Zitronensaft,
½ frische Ananas in Scheiben oder
1 kleine Dose Ananasscheiben.

Zubereitung:

Das küchenfertige Fleisch mit Salz, Pfeffer und den zerdrückten Wacholderbeeren einreiben. Den Speck in
dünne Scheiben schneiden, die Hälfte in einen Bräter
legen, den Rehrücken darauflegen, die Butter darüber
verteilen und mit den restlichen Speckscheiben abdek-
ken. Im Backofen bei 220 Grad etwa 1 Stunde braten. 15
Minuten vor Ende der Bratzeit die saure Sahne über den
Braten gießen. Am Schluß das Fleisch herausnehmen,
von den Knochen lösen und in Scheiben schneiden. Das
Wasser aufkochen und an den Bratensatz geben, durch
ein Sieb in einen Topf passieren. Mit in etwas kaltem
Wasser angerührtem Stärkemehl binden, mit dem Preiselbeerkompott und Zitronensaft abschmecken. Die
Ananasscheiben im Backofen erwärmen, das Fleisch auf
eine Platte legen und mit den Ananasscheiben garnieren. Die Sauce separat reichen.

Beilagen:

Kartoffelbällchen und Apfelrotkohl.

Rehkeule ›Ungarische Art‹

Zutaten:
1 kg Rehkeule,
150 g Räucherspeck,
1 Knoblauchzehe, 1 Zwiebel,
4 EL Öl, 1 EL Zitronensaft,
0,2 l kräftiger Rotwein, Salz,
mittelscharfer Senf, schwarzer
Pfeffer, Lorbeerblatt, Thymian,
Wacholderbeeren, Piment,
2 EL Hagebuttenmarmelade.

Zubereitung:

Das küchenfertige Fleisch mit Speck spicken und mit Salz, Pfeffer und Senf einreiben. In 2 EL Öl auf beiden Seiten kurz anbraten. Heißes Wasser aufgießen, Lorbeerblatt, eine Prise Thymian, einige Wacholderbeeren, Piment, Knoblauch und die grobgehackte Zwiebel dazugeben, alles weichdünsten. Wenn das Fleisch weich wird, den Rotwein dazugeben und fertiggaren. Danach in einen Bräter legen, mit heißem Öl übergießen, ein wenig Schmorsaft dazugeben und im Backofen auf beiden Seiten knusprigbraten. Während des Bratens den restlichen Fond durch ein Sieb passieren, Hagebuttenmarmelade, Zitronensaft und Senf dazugeben, so daß eine süßlich-pikante, dünne Sauce entsteht. Die gebratene Rehkeule in Scheiben schneiden und mit der Sauce übergießen.

Beilage:

Kartoffelpuffer.

Rehkeule mit Bratäpfeln (für 4–6 Personen)

Zutaten:
1 Rehkeule (ca. 1200 g),
150 g Räucherspeck, Salz,
schwarzer Pfeffer,
5 Wacholderbeeren, 50 g Butter,
4–6 Äpfel, 10 g Mehl,
weitere 20 g Butter,
60 g Rosinen,
in Rum getränkt.

Zubereitung:
Die küchenfertige Rehkeule mit Speck belegen oder spicken. Mit Salz, Pfeffer und zerdrückten Wacholderbeeren bestreuen, die Butter (50 g) mit dem Fleisch in einen Bräter geben und im Ofen unter Hinzugabe von etwa ¼ l Wasser etwa 60 Minuten garschmoren. Aus den Äpfeln das Kerngehäuse entfernen, die Höhlung mit Rosinen füllen und die Äpfel etwa 10 Minuten im Ofen in einer feuerfesten Schüssel braten. Den Bratensatz des Fleisches mit dem in 20 g Butter verkneteten Mehl binden und mit Salz und Pfeffer abschmecken. Das Fleisch in Scheiben schneiden, auf einer Platte mit den Bratäpfeln servieren.

Beilagen:
Kartoffelklöße und Preiselbeerkompott.

Rehkeule am Stück
(für 4–6 Personen)

Zutaten:

1,5 kg Rehkeule,
100 g Räucherspeck, 2 EL Butter,
0,2 l Rotwein, 1 Knoblauchzehe,
Salz, schwarzer Pfeffer,
Muskatnuß, Majoran, 2 EL Öl,
¼ l Brühe (Instant), Stärkemehl,
1 Becher saure Sahne,
1 Bund Petersilie.

Zubereitung:

Das Fleisch mit Speck spicken und mit Salz einreiben. Im Öl anbraten, Rotwein dazugeben und bei mittlerer Hitze gardünsten, zwischendurch die Brühe zugeben. Mit dem gemahlenen Pfeffer, der geriebenen Muskatnuß, dem Majoran und der zerdrückten Knoblauchzehe würzen. Wenn das Fleisch weich ist, aus dem Bräter nehmen und auf dem Backofenrost knusprigbraten, zwischendurch mit dem Bratensaft mehrmals begießen. Die saure Sahne an den Bratenfond geben, mit Stärkemehl andicken und abschmecken. Getrennt von dem Fleisch servieren. Das Fleisch in Scheiben schneiden und auf einer Bratenplatte anrichten, mit Petersilie garnieren.

Beilagen:

Salzkartoffeln und Rosenkohl.

Rehkeule ›Zipser Art‹

Zutaten:
*1 kg Rehkeule, 1 Mohrrübe,
1 Bund Petersilie, 1 mittelgroße
Zwiebel, 150 g Räucherspeck,
150 g Champignons, 2 Zitronen,
0,3 l Rotwein, ¼ l Fleischbrühe
(evtl. Instant), Salz, schwarzer
Pfeffer, 1–2 Lorbeerblätter,
Stärkemehl.*

Zubereitung:
Das Wurzelwerk und die Zwiebel in Scheiben schneiden,
auf dem Boden eines Bräters verteilen. Mit dünnen
Speckscheiben bedecken. Die gewaschene Rehkeule
darauflegen, salzen. Die in Scheiben geschnittenen Pilze
darauf verteilen, mit Pfeffer und Lorbeerblättern würzen, Brühe und den Rotwein darübergießen und zugedeckt bei kleiner Flamme gardünsten. Wenn das Fleisch
gar ist, aus dem Bräter nehmen und auf dem Rost im
Backofen knusprigbräunen. Den Bratenfond mit Stärkemehl binden, abschmecken und über das in Scheiben
geschnittene Fleisch gießen.

Beilagen:
Semmelklöße und gedünstetes Backobst.

Warme Rehpastetchen

Zutaten:
500 g mageres Rehfleisch,
300 g Blätterteig (Tiefkühlware),
100 g Butter, 250 g frische Champignons,
Saft von 2 Orangen, ½ TL getrockneter Majoran,
¼ TL Pfeffer, 1 TL Salz,
6 cl Cognac, 5 EL Schlagsahne,
1 Bund gehackte Petersilie,
1 EL Milch, 2 Eigelb.

Zubereitung:
Den tiefgefrorenen Blätterteig 30 bis 60 Minuten auf-
tauen lassen. Das Rehfleisch durch die feine Scheibe des
Fleischwolfes drehen. Unter ständigem Rühren mit der
Butter in einem Bräter anbraten. Die geputzten Champignons in Scheiben schneiden und mit dem Orangensaft,
mit Majoran, Pfeffer und Salz zum Fleisch geben. Alles so
lange kochen lassen, bis die Flüssigkeit fast eingekocht
ist. Den Cognac darübergießen, anzünden und abbren-
nen lassen.
Dann kaltstellen, und wenn die Masse erkaltet ist, die
geschlagene Sahne und Petersilie unterheben. Den Blätterteig ausrollen und in 8 gleich große Vierecke zer-
schneiden. Die Füllung auf die Vierecke verteilen, die
Teigstücke zusammenklappen und die Ränder fest
zusammendrücken. Die Milch mit den Eigelben verquirlen und die Teigtaschen damit bestreichen, auf ein mit
kaltem Wasser abgespültes Backblech legen, 15 Minuten
ruhen lassen. Im Backofen bei 200 Grad 25–30 Minuten
backen, heiß servieren.

Beilagen: Toast und Butter.

Rehsteak mit Kohlbeutelchen

Zutaten:
4 Rehsteaks von je 125 g, Salz,
je 1 Prise geriebene Muskatnuß,
Nelkenpfeffer und schwarzer
Pfeffer, 40 g Butter, 4 Scheiben
durchwachsener Räucherspeck.

Zutaten *für die Kohlbeutelchen:*
je 1 kleiner Kopf
Wirsing-, Weiß- und Rotkohl,
40 g Butter, 1 Zwiebel, 200 g frische Waldpilze
(aus dem Delikateßgeschäft)
oder 150 g aus der Dose,
50 g gewürfelter durchwachsener Speck,
1 Ei, 3 EL Sahne, weißer Pfeffer,
1 l Brühe (Instant) zum Garziehen.

Zubereitung:

Die Rehsteaks würzen, mit zerlassener Butter übergießen und mit dem Speck an den Rändern umwickeln. Die
äußeren Kohlblätter der Kohlköpfe und die Strünke entfernen. Von jedem Kohlkopf 5 Blätter ablösen und diese
in gesalzenem Wasser kurz garen und auf einer Arbeits-
platte auslegen. Die restlichen Zutaten für die Füllung
gut mischen, auf den Blättern verteilen und diese wie
Beutelchen mit Küchengarn binden. In heißer Brühe
etwa 15 Minuten garen. Die Steaks von jeder Seite 5
Minuten braten. Warmstellen. Die Butter an den Fond
geben und die Kohlbeutel damit übergießen, auf einer
Platte servieren.

Beilagen: Kartoffelklöße und Waldpilze.

Rehkoteletts in Rotwein

Zutaten:
8 Rehkoteletts je ca. 75 g, Butter,
Salz, schwarzer Pfeffer, Mehl,
⅛ l Rotwein, 4 Zitronenscheiben,
4 EL Preiselbeeren.

Zubereitung:
Die Koteletts flachdrücken oder klopfen, würzen, in Mehl wälzen und in heißem Fett von beiden Seiten saftigbraten. Sofort mit der Hälfte des Rotweins ablöschen. Die Koteletts herausnehmen und jeweils zwei Koteletts etwas übereinander gelegt auf Tellern anrichten, heißstellen. Den Fond mit dem restlichen Rotwein etwas einkochen lassen, mit Salz und Pfeffer abschmekken und über die Koteletts geben. Zitronenscheibe mit Preiselbeeren behäufeln, Koteletts damit garnieren.

Beilage: Butterspätzle.

Geschmorte Rehhaxe in Rahmsauce

Zutaten:
8 gespickte Rehhaxen, Butter,
1 Bund Suppengrün, Salz, Pfeffer,
Wacholderbeeren, Lorbeerblatt,
Nelken, Thymian, 0,1 l Rotwein,
⅛ l Wildfond (Glas), Mehl,
½ Becher saure Sahne.

Zubereitung:
Die Rehhaxen gut würzen, in Mehl wälzen und in heißem Fett braunbraten. Dann das feingehackte Suppengrün dazugeben, alles kräftig würzen und gut anbraten. Sofort mit dem Rotwein und Wildfond auffüllen. Haxen etwa 60 Minuten garen, herausnehmen und warmstellen. Den Fond mit in Butter verknetetem Mehl binden, Sahne dazugeben, kräftig abschmecken, durch ein Sieb passieren. Die Sauce getrennt servieren.

Beilagen:
Kartoffelkroketten und Butterbohnen.

Gegrillte Rehsteaks

Zutaten:
4 Rehsteaks je 150 g; Marinade: Öl,
Weinbrand, Zitronensaft, Salz,
Pfeffer, Himbeeressig.

Zubereitung:
Die Rehsteaks gut flachklopfen und mindestens 4 Stunden in der Marinade einlegen. Dann abtropfen lassen und gleichmäßig von beiden Seiten scharf anbraten und gleichmäßig von beiden Seiten grillen; heiß servieren.

Beilage:
Gebackene Äpfel, die mit Preiselbeermarmelade gefüllt sind.

Rehkoteletts mit gebackenen Bananen und Mandelbutter

Zutaten:
8 Rehkoteletts je 75 g,
Salz, schwarzer Pfeffer, Mehl,
Butter, 8 halbe Bananen,
in Bierteig gebacken,
100 g Mandelsplitter
(süße Mandeln).

Zubereitung:
Die Rehkoteletts würzen, in Mehl wälzen und in heißer Butter saftigbraten. Inzwischen die Bananen goldgelb fritieren. Die Koteletts auf Tellern anrichten und jeweils mit einer halben Banane belegen. Die Mandelsplitter in der Butter kurz rösten und über den Bananen verteilen.

Beilagen:
Kartoffelbällchen und Champignons.

Hirsch

Hirschbraten
mit Pflaumen-Kiwi-Chutney

Zutaten:
600 g Hirschfleisch aus der Keule,
Salz, Pfeffer, 4 EL Öl.
Für das Chutney: 500 g Pflaumen,
500 g Kiwis, 500 g Zwiebeln,
250 g Weintrauben, 2–3 Knoblauchzehen,
150 g eingelegter Ingwer,
750 g brauner Zucker, 1–2 TL Salz, ½ TL Cayennepfeffer,
½ TL Kümmel, ½ Tasse Sojaöl,
2 Tassen Weißweinessig.

Zubereitung:
Zuerst für das Chutney die Pflaumen waschen, entkernen und kleinschneiden. Kiwis schälen und in grobe Stücke schneiden. Zwiebeln schälen und würfeln. Weintrauben waschen, halbieren und entkernen. Knoblauchzehen schälen und feinhacken. Ingwer in feine Würfel schneiden. Nun Pflaumen, Kiwis, Zwiebeln, Weintrauben, Knoblauch und Ingwer in einen Topf geben; Zucker, Salz, Cayennepfeffer, Kümmel, Sojaöl und Essig zufügen und alles langsam zum Kochen bringen. Im geöffneten Topf bei geringer Hitze etwa 1½ Stunden leicht köcheln lassen. Danach etwa 8–10 Tage an einem kühlen Ort stehen lassen.
Für den Hirschbraten das küchenfertige Fleisch mit Salz und Pfeffer würzen. Öl in einem Bräter erhitzen und das Fleisch darin von allen Seiten braun anbraten. Dann im Backofen bei 200 Grad etwa 15 Minuten weiterbraten. Fleisch herausnehmen, etwa 5 Minuten ruhen lassen und aufschneiden. Auf einer Platte anrichten und das Chutney dazu servieren.

Beilagen:
Zum Hirschbraten schmecken „Kokoskroketten" besonders gut. Dazu werden die Kartoffelkroketten, die es fertig zu kaufen gibt, nach dem Frittieren einfach in gerösteten Kokosflocken gewälzt.

Hirschragout

Zutaten:
750 g Hirschragout,
100 g fetter Speck,
4 Pfefferkörner, 4 Zwiebeln,
1 Lorbeerblatt,
¼ TL Basilikum, Salz, 2 EL Mehl,
2 EL Rotwein, 1 EL Preiselbeeren,
Paprika (edelsüß).

Zubereitung:
Den Speck würfeln und in einen Schmortopf geben, ausbraten. Das Fleisch darin anbraten. Die Zwiebeln in Scheiben schneiden und dazugeben. Lorbeerblatt, Pfefferkörner, Basilikum und Salz zufügen. Mit ½ l kochendem Wasser auffüllen. Das Fleisch 2 Stunden bei mittlerer Hitze garen. Mehl mit etwas Wasser verrühren und die Sauce damit binden. Rotwein und Preiselbeeren zugeben und mit Paprika und etwas Salz würzen.

Beilagen:
Kartoffelklöße und Rosenkohl.

Hirschrücken mit Früchten (für 10 Personen)

Zutaten:
Etwa 2½ kg Hirschrücken, ausgelöst,
200 g durchwachsener Speck,
Salz, Pfeffer, abgeriebene Schale
einer unbehandelten Zitrone,
200 g fetter Speck, 100 g Butter,
½ l halbtrockener Weißwein,
¼ l Crème fraîche,
1 Tasse Wasser, 3–4 EL Mehl,
Salz, Pfeffer, Zucker,
500 g blaue Weintrauben,
5 Kiwis, 30 g Butter.

Zubereitung:

Den Hirschrücken mit Speckscheiben belegen und mit Salz, Pfeffer und Zitronenschale würzen. Das Fleisch in einem Bräter in Speckwürfeln und Butter anbraten. Dann bei 220 Grad ca. 1 Stunde im Backofen braten. Zwischendurch nach und nach mit Wein übergießen. Crème fraîche glattrühren und die Hälfte davon 10 Minuten vor Ende der Bratzeit über das Fleisch geben. Nun das Fleisch warmstellen und den Bratfond mit Wasser ablöschen. Durch ein Sieb in einen Topf passieren und aufkochen. Die Sauce mit in restlicher Crème fraîche angerührtem Mehl binden. Nochmals gut durchkochen lassen und mit Salz, Pfeffer und Zucker abschmecken. Die halbierten, entkernten Weintrauben und Kiwischeiben 5 Minuten in Butter dünsten und zu dem Hirschrükken reichen.

Hirschschnitzel mit Mandelkirschen

Zutaten:

4 Hirschschnitzel zu je 150 g,
2 Wacholderbeeren,
½ TL getrockneter Rosmarin, Salz,
frisch gemahlener Pfeffer, 4 EL Öl, 1 EL Butter,
1 Glas Schattenmorellen ohne Steine (360 ml),
1–2 EL Sojasauce, Zucker,
1 Prise Zimt, 4 EL trocken geröstete
Mandelstifte (von süßen Mandeln),
Petersilie zum Garnieren.

Zubereitung:

Wacholderbeeren und Rosmarin im Mörser fein zerstoßen. Mit Salz und Pfeffer mischen. Die Schnitzel damit einreiben. Das Öl in einer Pfanne erhitzen. Hirschschnitzel darin von jeder Seite kurz anbraten, dann pro Seite in 2–3 Minuten fertigbraten. Auf einer vorgewärmten Platte anrichten. Mit Alufolie abdecken.
Die Butter in der Pfanne erhitzen. Abgetropfte Schattenmorellen darin heiß werden lassen. Mit Sojasauce, Zucker und Zimt abschmecken. Auf der Platte anrichten. Mit den Mandelstiften bestreuen, mit Petersilie garnieren.

Beilagen: Mini-Reibekuchen oder Reis.

Tip:

Man kann die Schattenmorellen auch mit dem Saft erhitzen, mit Sojasauce, Zucker und Zimt abschmecken und mit etwas Speisestärke binden. Sie werden dann mit den gerösteten Mandelstiften bestreut und extra serviert.

Hirschlende mit Honigbirnen

Zutaten:

750 bis 1 000 g Hirschlende (Filet),
Salz, weißer Pfeffer, Zimt,
40 g Butterschmalz, ½ l Wildfond (Glas),
1 Bund Zitronenmelisse,
2 EL Crème fraîche,
2 TL Speisestärke, 2 Zitronen, unbehandelt.
Außerdem: 4 reife Birnen
(notfalls Dose), ⅛ l Weißwein,
3 Gewürznelken, Zimt, 1 EL Zucker,
2 TL eingelegter grüner Pfeffer,
4 EL Preiselbeerkonfitüre, 2 EL Waldhonig,
Kresse zum Garnieren.

Zubereitung:

Von der Hirschlende eventuell Häutchen und Sehnen entfernen, abtrocknen und kräftig mit Salz und Pfeffer einreiben. Leicht mit Zimt bestäuben. In heißem Butterschmalz ca. 10 Minuten rundum anbraten. Mit etwas Wildfond ablöschen, etwas Kresse zugeben. Bei mittlerer Temperatur ca. 30–40 Minuten braten. Gelegentlich etwas Fond angießen. Das Fleisch unter Alufolie ruhen lassen.

Bratfond mit dem Wildfond und eventuell noch mit etwas Wasser auf ca. ½ l auffüllen. Fond aufkochen und die Crème fraîche einrühren. Mit der Speisestärke binden. Mit Salz, Pfeffer, Zimt und Zitronensaft abschmekken. Fleisch in Scheiben geschnitten anrichten. Mit dünnen Zitronenscheiben und Kresse garnieren. Kurz bevor das Fleisch gar ist, die geschälten, halbierten, entkernten Birnen längs in dünne Scheiben ein-, aber nicht durchschneiden. 2–3 Minuten in kochendem Weißwein mit Nelken, Zimt und Zucker blanchieren. Je 2 Hälften fächerförmig auf Tellern anrichten. Pfefferkörner und Konfitüre darauf verteilen. Mit Honig beträufeln.

Beilage: Kartoffelpüree.

Hirschbraten mit Tamarillo-Kiwi-Chutney

Zutaten:
1 bis 1½ kg Hirschfleisch von der
Oberseite oder Lende.
Chutney: 1 kg Tamarillos oder
Pflaumen, 1 kg Kiwis,
1,5 kg brauner Zucker, 1 kg Zwiebeln, 500 g Trauben,
5 geschnittene Knoblauchzehen,
300 g eingemachter Ingwer,
etwas geschnitten, 1½ EL Salz, ½ EL Cayenne-Pfeffer,
½ EL Kümmel, 1 Tasse Sojaöl,
4 Tassen Weißweinessig.

Zubereitung:
Chutney: Alle Zutaten in einen großen Topf geben und zum Kochen bringen. Gelegentlich umrühren. Unbedeckt 1½ Stunden leicht kochen lassen. An einem kühlen Ort zwei Wochen zur Reife lagern.
Hirschbraten: Würzen und auf allen Seiten in Öl leicht anbräunen. Dann im Ofen bei 200 Grad 15 Minuten braten. Den Braten aus dem Bräter nehmen, portionieren und mit dem Chutney garnieren.

Beilagen: Petersilienkartoffeln und Blumenkohl.

Hirschmedaillons mit Portweinsabayon

Zutaten:

12 Hirschmedaillons, je 70 g,
aus dem Rücken,
⅛ l Portwein, 1 TL Rosmarinnadeln, 3 Eigelb,
Salz, weißer Pfeffer, ¼ l Fleischbrühe (Instant),
1 EL Zitronensaft, Worcestersauce,
2 EL Butter, 2 EL Öl.

Zubereitung:

Die Hirschmedaillons in eine Schale legen, mit Rosmarin überstreuen und mit Portwein übergießen. Zugedeckt über Nacht kaltstellen und hin und wieder wenden. Das Fleisch herausnehmen und trockentupfen. Die Marinade durch ein Sieb gießen. Das Eigelb mit dem Salz verrühren, etwas pfeffern und in ein leicht siedendes Wasserbad stellen.

Die Fleischbrühe und den Portwein zugießen, dabei ständig mit dem Handrührer schlagen, bis die Sauce luftig cremig geworden ist. Vorsicht, das Wasserbad darf nicht zu heiß werden, weil die Sauce sonst gerinnt. Mit Zitronensaft und Worcestersauce abschmecken. Die Hirschmedaillons in heißer Butter-Ölmischung auf jeder Seite 3 bis 4 Minuten braten, salzen und pfeffern. Auf vier vorgewärmte Teller verteilen und mit dem Portweinsabayon übergießen.

Beilagen:

Kartoffelrösti und gedünsteter Chicoree.

Hirschschnitzel in Nußpanade

Zutaten:

4 Hirschschnitzel je 150 g, Salz,
100 g gemahlene oder
feingehackte Haselnußkerne,
schwarzer Pfeffer,
1 Prise getrockneter Oregano,
Mehl zum Wenden, 1 Ei,
6 EL Öl (Haselnußöl),
4 dünne Zitronenscheiben,
4 EL festes Johannisbeergelee, fein gewürfelt,
Kresse, 4 Zitronenhälften.

Zubereitung:

Hirschschnitzel leicht salzen. Gemahlene Haselnußkerne mit Salz, Pfeffer und zerriebenem Oregano würzen. Schnitzel zuerst in Mehl, dann im verquirlten Ei und schließlich in den gemahlenen (oder gehackten) Haselnußkernen wenden. Die Panade etwas andrücken. Öl in einer großen Pfanne nicht zu stark erhitzen. Die Schnitzel darin pro Seite in 4–5 Minuten goldbraun braten. Auf einer vorgewärmten Platte anrichten und abgedeckt warmstellen. Mit je 1 Zitronenscheibe und Kresse garnieren. Ausgehöhlte Zitronenhälften mit dem gewürfelten Johannisbeergelee füllen. Auf einer Platte anrichten.

Beilagen:

Rosenkohl, gemischt mit gebratenen Bananenscheiben, Kartoffelpüree.

Hirschnüßchen auf südostasiatische Art

Zutaten:
12 kleine Hirschnüßchen
(à ca. 50 g) aus der Oberseite,
Blume oder Bratenstück,
100 g Sesamsamen, Salz, weißer Pfeffer,
1 EL Butterschmalz.
Für die Sauce: 50 g Ingwerwurzel,
½ EL Senfsaat, ½ Tasse Kokosraspel,
3 Tassen Buttermilch,
½ EL Koriander, ½ EL Kümmel,
einige Blättchen Zitronenmelisse,
Salz, weißer Pfeffer,
1 gehäufter TL Speisestärke.

Zubereitung:
Zuerst für die Sauce Ingwer schälen und feinschneiden. Den Ingwer, Senfsaat und Kokosraspel in einer Pfanne erhitzen. Mit Buttermilch ablöschen und Koriander, Kümmel, Salz und Pfeffer zufügen. Die Sauce zum Kochen bringen und bis auf die Hälfte einkochen lassen. Zitronenmelisse waschen und feinschneiden. Zuletzt in die Sauce geben, mit Salz und Pfeffer abschmecken und mit in kaltem Wasser angerührter Speisestärke binden. Sesamsamen, Salz und Pfeffer mischen und die Hirschnüßchen damit einreiben. Butterschmalz in einer Pfanne erhitzen und die Fleischstücke darin von jeder Seite etwa 2 Minuten braten. Hirschnüßchen und Sauce anrichten.

Beilage: Strohkartoffeln.

Hirschlendensteaks gefüllt mit Ingwerbirnen auf heißen Himbeeren

Zutaten:
8 kleine Steaks aus der Lende,
2 Birnen, 50 g frischer Ingwer,
Salz, Pfeffer.
Heiße Himbeeren:
200 g Himbeeren,
2 EL Puderzucker,
2 EL Himbeeressig,
ein paar Tropfen Zitronensaft.

Zubereitung:
Die Birnen schälen, das Kerngehäuse entfernen, in Scheiben schneiden. Den frischen Ingwer schälen und in sehr feine Streifen schneiden. Mit etwas Butter in eine Kasserolle geben. Kochen, bis der größte Teil des Birnensaftes verdunstet ist. Um die heißen Himbeeren zuzubereiten, die Himbeeren mit Puderzucker, Zitronensaft und Himbeeressig im Mixer pürieren. Durch ein feines Sieb passieren und die Kerne entfernen. In die Steaks Taschen schneiden und mit der Ingwer-Birnen-Farce füllen. In Butterschmalz auf jeder Seite 2–3 Minuten braten und 10 Minuten ziehen lassen. Sofort auf einer warmen Platte servieren.

Beilagen:
Wildreis oder Nudeln.

Ein fürstliches Festmenü:

Geschmorte Hirschschulter mit Steinpilzvariationen und Kartoffelcrêpes

Zutaten:
1 ganze Hirschschulter,
1 Scheibe luftgetrockneter Speck.
Für den Fond:
3 mittelgroße Lorbeerblätter, 2 Nelken,
1 Prise Pfefferkuchengewürz, 2 mittelgroße Orangen,
2 Zitronen, 1 l Burgunder-Rotwein.
Für das Sherryessigwasser:
1 l Wasser, 5 cl Sherry.
Außerdem: 1 Bund Suppengrün,
Butterschmalz, Nußöl, 1 TL Stärkemehl,
ca. 200 g Crème fraîche.
Für die Kartoffelcrêpes:
mehlige Kartoffeln (300 g), 2 kleine Zwiebeln,
1 Ei, Muskat, frisch gehackte Petersilie, Salz.
Für die Steinpilzvariationen:
800 g Steinpilze (frisch oder gefroren),
Butter, grober Pfeffer, Sauce Béarnaise,
20 g durchwachsener Speck, 2 kleine Zwiebeln,
1 Braeburin- oder Boskop-Apfel.

Zubereitung:

Eine ganze Hirschschulter großzügig zuschneiden, den Röhrenknochen nicht auslösen. Fleisch von Häuten befreien und in einem Fond aus Lorbeerblatt, Nelken, etwas Pfefferkuchengewürz, geschälten Orangen- und Zitronenscheiben mit einem kräftigen Burgunder mischen und kaltstellen.

Das Suppengrün, bestehend aus Möhre, Sellerie, Lauch, Petersilie und Zwiebel, zerkleinern und in leichtem Sherryessigwasser aufkochen. Abkühlen lassen und mit dem Burgunderfond mischen. Alles über das Fleisch geben und es gekühlt ca. 24 Stunden stehen lassen.

Fleisch herausnehmen und abtrocknen. In einer Kasserolle Butterschmalz und etwas Nußöl zerlassen und die Hirschschulter langsam schmoren lassen. Ab und zu etwas Burgunderfond dazugießen und kurz gehen lassen. Nach ca. 2 Stunden Braten den Fond mit ½ Flasche rotem Burgunder auffüllen und ca. 30 Minuten köcheln lassen. Schulter herausnehmen und mit einer Speckscheibe belegen, auf einen Grill legen und kurz grillen. Saucenfond durch ein Sieb passieren und langsam auf die Hälfte einköcheln lassen. Mit etwas Stärkemehl abbinden und mit Crème fraîche vollenden. Frisches Roggenstroh leicht anfeuchten und die großzügig geschnittene Schulter darauflegen und servieren.

Für die Steinpilzvariationen Butterschmalz erhitzen und die frischen oder gefrorenen Steinpilze darin beispielsweise in folgenden Variationen zubereiten:

1. natur mit grobem Pfeffer kurz anschwenken;
2. warm anrichten und mit Sauce Béarnaise überziehen;
3. mit Speck- und Zwiebelwürfeln (zuvor kurz anbraten, bis die Zwiebeln glasig sind) anschwenken und mit frischen Kräutern bestreichen;
4. in Butter anschwenken und kleine Würfel von einem Braeburin- oder Boskop-Apfel hinzufügen.

Für die Kartoffelcrêpes große mehlige Kartoffeln grobreiben, mit kleinen Zwiebelwürfeln und einem Ei vermischen. Mit Muskat, frisch gemahlenem Pfeffer und etwas Salz würzen und in Nußöl als runde Küchlein mit etwa 10 cm Durchmesser ausbacken.

Gebratene Hirschkeule

Zutaten:

1 Hirschkeule von 1500 g,
½ l trockener Rotwein,
5 Pfefferkörner, 2 Lorbeerblätter,
3 Wacholderbeeren, 1 Stückchen Ingwer,
250 g Räucherspeck-Scheiben,
60 g Butter, ¼ l saure Sahne, Salz.

Zubereitung:

Eine Beize aus Wasser und Rotwein zu gleichen Teilen bereiten. Mit Pfefferkörnern, Lorbeerblättern, Wacholderbeeren und Ingwer würzen. Das Fleisch in eine Porzellan- oder Glasschüssel legen und mit der kochend heißen Beize übergießen, so daß es ganz bedeckt ist. 4–6 Tage unter öfterem Wenden ziehen lassen.
Vor dem Braten das Fleisch mit Salz und etwas Ingwer einreiben. In einem Bräter die Butter erhitzen, die Keule hineinlegen, mit Speckscheiben belegen und bei 200 Grad etwa 60 Minuten garen. Etwa ¼ l Beize aufgießen, nach Bedarf auch etwas mehr. Dann den ausgelassenen Speck dazugeben, das Fleisch aus dem Bräter nehmen und auf einem Bratrost bei großer Hitze etwa 5 Minuten knusprigbräunen. Den Speck aus dem Bräter nehmen, den Bratenfond durch ein Sieb passieren, die saure Sahne einrühren, abschmecken und getrennt von dem in Scheiben geschnittenen Braten servieren.

Hirschbraten in Himbeerbeize

Zutaten:

1 kg Hirschkeule, Salz, Pfeffer,
2 Möhren, 1 Stange Lauch,
250 g Sellerie, 50 g Butter,
3 Nelken, 1 TL Wacholderbeeren,
2 Lorbeerblätter, 3/8 l Fleischbrühe (Instant),
2 große Scheiben fetter Speck,
125 g Himbeeren (frisch oder TK), 4 EL Himbeeressig,
3 EL Rotwein, 150 g Crème fraîche, Stärkemehl.

Zubereitung:

Das küchenfertige Fleisch salzen und pfeffern. Möhren, Lauch und Sellerieknolle putzen, waschen und würfeln. Die Butter in einem Bräter erhitzen und das Fleisch rundum kräftig anbraten. Das Gemüse und die Gewürze dazugeben und etwa 5 Minuten mitschmoren. Die Brühe dazugießen. Das Fleisch mit Speckscheiben belegen und mit Küchengarn umwickeln. Die Himbeeren, Essig und Rotwein zufügen. Bei 180 Grad im Backofen etwa 60 Minuten schmoren lassen, dann das Fleisch herausnehmen, warmstellen und den Bratenfond durch ein Sieb passieren. Mit Crème fraîche und Stärkemehl andicken und mit Salz und Pfeffer abschmecken.

Beilage: Prinzeßkartoffeln.

Hirschrücken auf Pfifferlingen und Walnußragout

Zutaten:

600 g Hirschrücken,
200 g Pfifferlinge (notfalls Konserve),
180 g Walnüsse,
50 g Tomatenmark, 1 Schalotte,
12 kleine Kartoffeln, 16 kleine Perlzwiebeln,
5–6 Blätter glatte Petersilie,
Rosenpaprika, 20 g Butter,
etwas Öl zum Braten.
Cognacsauce: 4 EL Cognac,
2 EL Portwein,
4 zerdrückte Wacholderbeeren,
30 g kalte Butter, 8 EL kräftiger Wildfond (Glas),
Salz, Pfeffer aus der Mühle.

Zubereitung:

Den gesäuberten Hirschrücken salzen. In heißem Öl von beiden Seiten anbraten und weitere 6–8 Minuten garen. Die Pfifferlinge im Ganzen lassen, sauber putzen und kurz anschwitzen. Die Schalotten, die Perlzwiebeln, die zuvor im eigenen Saft kurz erhitzt wurden, und das Tomatenmark zugeben. Abschmecken, zum Schluß die Walnüsse mit feingehackter Petersilie zufügen. Die Kartoffeln in Salzwasser halbgar kochen. Mit Paprikapulver bestäuben und in Butter anbräunen. Anschließend mit Salz und Pfeffer würzen.
Cognacsauce: Den Bratensaft mit einem Spritzer Cognac und Portwein ablöschen und mit dem Wildfond auffüllen, auf ein Drittel einkochen lassen. Mit der restlichen kalten Butter verbinden und abschmecken.

Hirschsteaks mit Aprikosenkruste

Zutaten:
4 Hirschsteaks je 150 g aus der Keule,
0,6 l trockener Rotwein, 1 Lorbeerblatt,
3 Wacholderbeeren,
8 Pfefferkörner.
Für die Kruste:
180 g getrocknete Aprikosen,
3½ EL grober Senf,
1 EL Mehl, 1 Bund Petersilie,
schwarzer Pfeffer.
Außerdem: Pfeffer,
Butterschmalz oder Bratfett, Salz.

Zubereitung:
Das Fleisch 3 Stunden mit Rotwein bedeckt einlegen unter Beigabe von Lorbeerblatt, Wacholderbeeren und Pfefferkörnern. Für die Kruste die Aprikosen feinhacken. Senf, Mehl, gehackte Petersilie und Pfeffer daruntermischen. Fleisch gut abtrocknen. Eine Fleischseite mit Pfeffer einreiben. Fleisch wenden. Die Aprikosenmasse auf die andere Seite streichen. Butterschmalz erhitzen. Die Steaks mit der mit Aprikosenmasse bestrichenen Seite nach unten in die Pfanne legen und etwa 5 Minuten braten. Die Steaks wenden und 10 Minuten weiterbraten. Steaks salzen und servieren.

Beilage:
Kartoffelpuffer

Hirschkeule mit Sahnesauce

Zutaten:
1 Hirschkeule à 1500 g,
1 Lorbeerblatt, 4 Wacholderbeeren,
4 Pfefferkörner, 2 Gewürznelken,
1 Zwiebel, 1 l Buttermilch,
je 200 g helle und blaue Trauben,
1 Bund Petersilie, 125 g fetter Räucherspeck,
¼ l Fleischbrühe (Instant), ¼ l saure Sahne,
1 EL Mehl, Salz, schwarzer Pfeffer,
Paprika (edelsüß).

Zubereitung:
Die küchenfertige Hirschkeule in eine große Schüssel legen. Gewürze und Zwiebelscheiben darübergeben. Buttermilch und Salz verrühren und über das Fleisch gießen. Die Keule etwa 3 Tage in der Beize liegen lassen, öfter wenden. Dann das Fleisch mit Speckscheiben belegen.

Das Fleisch auf den Rost des Backofens geben und mit der Bratenschale darunter 2½ Stunden bei 200 Grad braten lassen. Während des Bratens mit Fleischbrühe und ¼ l Beize begießen. 15 Minuten vor Ende der Bratzeit die Speckscheiben von der Keule nehmen und in die Bratenschale legen. Den Bratenfond durch ein feines Sieb in einen kleinen Topf passieren. Sahne und Mehl verrühren und die Sauce damit binden. Abschmecken und mit etwas Salz und Pfeffer nach Geschmack würzen. Die Keule in fingerdicke Scheiben schneiden und auf eine vorgewärmte Bratenplatte legen, mit den gewaschenen Trauben und Petersiliensträußchen garnieren. Sauce separat reichen.

Beilagen: Salzkartoffeln und glasierte Maronen.

Hubertus-Steaks

Zutaten:
4 Hirschsteaks, ¼ l Rotwein,
1 Lorbeerblatt, 1 Stückchen Stangenzimt,
5 Wacholderbeeren, 1 Zwiebel,
Thymian, 3 EL Öl, Butter, Salz,
schwarzer Pfeffer, 1 EL Mehl,
½ l Sahnejoghurt, 1 TL Senf,
1 TL Johannisbeergelee,
1 EL Weinbrand, 1 Apfelsine,
4 Cocktailkirschen (Glas).

Zubereitung:
Die Hirschsteaks in eine Porzellan- oder Glasschüssel legen. Den Rotwein mit den Gewürzen aufkochen und Öl zugeben. Alles über das Fleisch gießen und 3 Stunden ziehen lassen. Die Steaks abtrocknen und in Butter von beiden Seiten je 4 Minuten braten. Salzen und auf eine vorgewärmte Platte legen. Mehl in das Bratfett geben, bräunen lassen und mit dem Rotwein auffüllen. Sauce durch ein Sieb passieren und mit dem Joghurt verrühren. Salzen, pfeffern und mit Senf, Johannisbeergelee und Weinbrand würzen. Die Hirschsteaks mit Apfelsinenscheiben und Cocktailkirschen garnieren. Die Sauce extra servieren.

Beilage: Butternudeln

Hirschmedaillons in Grappasauce mit Morcheln und Ravioli

Zutaten:
4 Hirschmedaillons à 90 g,
300 ml Wildfond (Glas),
8 cl Grappa, 2 cl Madeira,
2 cl roter Portwein, 50 g Butter,
160 g entkernte oder kernlose Weintrauben,
10 g Butter, 10 g Zucker,
30 g Gänseleberpastete
(aus dem Delikateßgeschäft).
Als Beilage: 4 kleine ausgehöhlte
Kohlrabi mit jungen, in Butter
geschwenkten Erbsen und
Basilikum gefüllt, 16 Karotten,
8 Ravioli mit Hirschfüllung,
12 kleine frische Morcheln.
Teig für Ravioli: 5 cl Wasser,
10 g Salz, 6 Eigelb, 1 ganzes Ei,
2 EL Olivenöl, 250 g Mehl.
Füllung für die Ravioli:
60 g Hirschfleisch (Schulter, Hals etc.),
60 g Sahne, 2 cl Trüffeljus (Glas),
1 Spritzer Madeira, Salz, Pfeffer, Muskat,
10 g feingehackter fetter Speck,
250 g Morcheln, feingeschnitten.

Zubereitung:
Raviolifüllung: Gut gekühltes Hirschfleisch durch die feine Scheibe des Fleischwolfes drehen, anschließend die Sahne zugeben. Mit Trüffeljus, Madeira, Salz, Pfeffer und Muskat abschmecken und gut vermischen. Aus den angegebenen Zutaten den Ravioliteig bereiten. Zum Schluß den Speck und die Morcheln zur Farce für die Füllung geben. Salzwasser zum Kochen bringen, etwas Öl dazugeben, die Ravioli ca. 4 Minuten kochen und auf einem Sieb abtropfen lassen.
Den Hirschfond mit 100 g Weintrauben auf die Hälfte einkochen lassen. Den Alkohol zugeben und nochmals aufkochen. Anschließend mit Gänseleberpastete und mit kalten Butterstücken vermischen; mit Salz, Pfeffer und etwas Grappa abschmecken.
60 g Weintrauben mit 10 g Butter und 10 g Zucker in einer Pfanne glasieren. Nun die Hirschmedaillons mit den Gewürzen anbraten, wobei die Medaillons innen noch leicht rosa sein sollen.
Anrichten: Jeweils die gefüllten Kohlrabi, 4 Karotten, 2 Ravioli und Morcheln schön auf einem Teller anrichten. Die heißen Hirschmedaillons werden mit der Sauce übergossen und die glasierten Weintrauben über die Medaillons gegeben.

Hirschgulasch mit Johannisbeeren (für 10 Personen)

Zutaten:
1750 g Hirschgulasch (in Würfeln),
2–3 Tassen Weinbrand,
300 g durchwachsener Speck (in Würfeln),
1250 g kleine Zwiebeln,
etwa ⅛ l Öl, Salz, Pfeffer, Kräuter
der Provence, 1¾ l Rotwein,
1 Glas Johannisbeeren
(Einwaage ca. 370 g), ¼ l Wasser,
1 Dose Pfifferlinge (etwa 625 g Pilzeinwaage),
¼ l saure Sahne, 2–3 EL Mehl.

Zubereitung:

Das küchenfertige Hirschgulasch in eine Schüssel geben, mit Weinbrand übergießen und über Nacht darin ziehen lassen. Zwiebeln pellen und ganz lassen. Öl in einem Schmortopf erhitzen und die Speckwürfel darin auslassen. Gulasch zufügen und braun anbraten. Mit Salz, Pfeffer und Kräutern der Provence würzen. Nach und nach 1 l Rotwein angießen und bei offenem Topf in etwa 30–45 Minuten einkochen lassen. Zwiebeln dazugeben und kurz anschmoren. Anschließend Johannisbeeren zufügen und mit restlichem Rotwein und Wasser auffüllen. Alles noch etwa 30–45 Minuten im geschlossenen Topf bei milder Hitze schmoren lassen. Danach die Pfifferlinge dazugeben und erhitzen (eventuell noch etwas Flüssigkeit nachgießen). Saure Sahne mit Mehl anrühren und das Hirschgulasch binden.

Beilage: Butterspätzle

Hirschgulasch ›klassisch‹ (für 10 Personen)

Zutaten:
1750 g Hirschgulasch, 150 g Öl,
150 g Tomatenmark, Salz,
schwarzer Pfeffer,
2 TL Wildgewürz,
1 TL Wacholderbeeren,
1 TL Zucker, 6 Lorbeerblätter,
1 l Brühe, ¾ l Rotwein,
500 g Kurpflaumen (ohne Stein),
300 g gemischte Waldpilze aus der Dose
oder 350 g frische aus dem Delikateßgeschäft,
150 g Preiselbeeren, 2 Becher Crème fraîche.

Zubereitung:

Das küchenfertige und in mundgerechte Stücke geschnittene Fleisch portionsweise im heißen Öl anbraten. Tomatenmark unter Rühren mit anschwitzen. Die Gewürze zugeben und mit der Flüssigkeit nach und nach ablöschen. Etwa 45–60 Minuten schmoren lassen. Kurpflaumen, Pilze und Preiselbeeren in den letzten 10 Minuten zugeben. Zum Schluß Crème fraîche unterrühren. Nach Belieben mit etwas Mehl binden.
Variationen: Gulasch in zwei große feuerfeste Formen füllen. Ausgerollten Blätterteig (TK) darübergeben und rundherum fest andrücken. In der Mitte einen kleinen Kreis ausstechen. Im vorgeheizten Backofen bei 200 Grad 15 Minuten backen. Sofort servieren.

Mufflon

Praxistip

Alle nachfolgenden Gerichte können auch mit Gamsfleisch zubereitet werden. Wer eine noch größere Auswahl an Rezepten für Gams– und Mufflonfleisch sucht, dem sei das Buch „Lammgerichte für Genießer" von Norbert Frank empfohlen. Alle darin enthaltenen Rezepte können auch mit Wildfleisch, sogar mit Hirschfleisch, zubereitet werden. Zu beachten ist lediglich, daß das Fleisch älterer Wildtiere vor der Zubereitung mariniert oder gebeizt werden sollte, damit der teilweise zu kräftige Wildgeschmack gemildert und das Fleisch zarter wird.

Mufflonrücken-Rostbraten

Zutaten:
1 kg Mufflonrücken, vom Schlachter ausgelöst,
2 Eigelb, 100 g Butter, 5 EL Parmesankäse,
7 EL Semmelbrösel, Salz, schwarzer Pfeffer.

Zubereitung:
Das küchenfertige Fleisch in Scheiben schneiden. Salzen, leicht pfeffern, rundum mit Eigelb bestreichen und mit dem geriebenen Käse bestreuen. Die Semmelbrösel und den restlichen geriebenen Käse mischen. Das Fleisch mit zerlassener Butter bepinseln und mit dem Bröselgemisch panieren. Eine gute halbe Stunde im Kühlschrank ruhen lassen, damit sich die Panade beim Braten nicht löst. Danach das Fleisch auf einem Rost im Backofen bei mittlerer Hitze garen und heiß servieren.

Beilagen: Reis und Preiselbeerkompott.

Mufflonbraten

Zutaten:
*2 000 g Mufflonkeule, 100 g Speck,
50 g Butter, 6 Knoblauchzehen,
1 Zwiebel, 1 Bund Petersilie,
½ TL Rosmarin,
6 Wacholderbeeren,
1 EL grüner Pfeffer,
¼ l saure Sahne,
1 Flasche trockener Rotwein.*

Zubereitung:
Das Fleisch mit Knoblauchzehen spicken und in eine Kasserolle geben. Mit Rotwein übergießen, so daß das Fleisch vollständig bedeckt ist. Zwei Tage ziehen lassen und öfter wenden. Anschließend mit dem in Streifen geschnittenen Speck spicken und in einer Kasserolle in Butter rundum kräftig anbraten. Die Wacholderbeeren, den grünen Pfeffer, die feingehackte Zwiebel, Rosmarin und Petersilie dazugeben, mit Rotweinbeize auffüllen und etwa 2½ Stunden im Backofen bei hoher Temperatur schmoren.
Wenn das Fleisch fertig ist, wird es gesalzen und eventuell nach Geschmack etwas nachgepfeffert. Die Sauce durch ein Sieb passieren und mit saurer Sahne eindicken.

Beilagen:
Semmelknödel, Preiselbeeren und gebackene halbierte Birnen.

Gebackener Mufflonrücken

Zutaten:

1 kg Mufflonrücken, ausgelöst,
3 Knoblauchzehen, Salz, Pfeffer;
zum Panieren: Mehl, Ei, Semmelbrösel;
zum Ausbacken: Öl.

Zubereitung:

Das küchenfertige Fleisch mit den zerdrückten Knoblauchzehen einreiben, in einer zugedeckten Schüssel eine halbe Stunde ruhen lassen. Je nach Geschmack Knoblauch vom Fleisch abwischen. Das Fleisch in Scheiben schneiden, salzen, pfeffern und in Mehl, Ei und Semmelbröseln wälzen. In heißem Öl ausbacken.

Beilagen: Salzkartoffeln und Leipziger Allerlei

Mufflonrückenbraten

Zutaten:

1 kg Mufflonrücken, ausgelöst,
2 EL Mehl, 1 EL Öl, Salz, schwarzer Pfeffer,
je 1 Prise Piment und Estragon.

Zubereitung:

Das Fleisch in dünne Scheiben schneiden. Die Gewürze gut mit dem Mehl vermischen und die Fleischscheiben darin wälzen. In heißem Öl von beiden Seiten kräftig anbraten, dann etwas Wasser aufgießen und fertigdünsten. Heiß servieren.

Beilagen: Pommes frites oder Bratkartoffeln.

Gespickter Mufflonrücken am Stück

Zutaten:

1,5 kg Mufflonrücken,
100 g Räucherspeck,
1 kleiner Löffel Schmalz,
0,2 l saure Sahne, Salz,
schwarzer Pfeffer,
je ½ TL Piment,
Salbei und Rosmarin.

Zubereitung:

Das küchenfertige Fleisch reichlich mit Speck spicken. Mit Salz, Pfeffer und gemahlenem Piment einreiben und Salbei und Rosmarin darüberstreuen. Den Rücken in einen mit Schmalz ausgestrichenen Bräter legen, ein wenig Wasser dazugießen und bei kleiner Hitze im Bratofen knusprigbraten. Zwischendurch übergießen. Wenn das Fleisch gar ist, aus dem Ofen nehmen, von den Knochen lösen und in Scheiben schneiden. In den Bratenfond die saure Sahne rühren, die Fleischscheiben wieder hineingeben, aufkochen und abschmecken.

Beilage:

Semmelknödel.

Mufflongulasch

Zutaten:

600 g Mufflonfleisch aus der Schulter,
1 Zwiebel, 1 EL Schmalz, 2 Mohrrüben,
2 Petersilienwurzeln,
40 g Tomatenmark,
300 g Kartoffeln, Salz, schwarzer Pfeffer,
Paprika (edelsüß),
1 Paprikaschote,
je ¼ TL Majoran und Kümmel.

Zubereitung:

Das Fleisch ohne Knochen in mundgerechte Würfel schneiden. Die Zwiebel feinwürfeln und im Schmalz goldgelbrösten. Das Fleisch dazugeben und zusammen schmoren, bis das Fleisch weißlich wird. Salzen, pfeffern und mit Paprika bestreuen. Etwas Wasser aufgießen. Tomatenmark und in feine Streifen geschnittene Paprikaschote dazugeben, ebenso Kümmel, Majoran und das in Scheiben geschnittene Wurzelwerk. Wenn das Fleisch fast gar ist, 1½ l Wasser aufgießen, die in Würfel geschnittenen Kartoffeln dazugeben und alles fertiggaren. Vor dem Servieren abschmecken.

Mufflonkeule mit Knoblauch

Zutaten:
1 kg Mufflonkeule,
100 g Räucherspeck, 2 EL Öl,
3 Knoblauchzehen,
0,3 l trockener Rotwein,
Salz, schwarzer Pfeffer,
je 1 Msp. Majoran und Thymian.

Zubereitung:
Das küchenfertige Fleisch reichlich mit dreiviertel des Specks spicken. Den restlichen Speck in kleine Würfel schneiden, im Öl auslassen, das Fleisch dazugeben und knusprigbraten. Die Gewürze darüberstreuen, Wein zugießen und gardünsten. Zwischendurch mit den zerdrückten Knoblauchzehen würzen. Wenn das Fleisch gar ist, in Scheiben schneiden und mit dem Bratensaft begossen servieren.

Beilage:
Kartoffelpüree.

Wildschwein

Frischlingskeule
mit Kastanienpüree

Zutaten:
1,5 kg Frischlingskeule,
500 g Eßkastanien, 500 g Äpfel,
4 cl Cognac, 50 g Butter, 2 EL Öl,
2 Knoblauchzehen, Salz,
schwarzer Pfeffer.

Zubereitung:
Das küchenfertige Fleisch mit Knoblauch spicken und mit Salz und Pfeffer einreiben. In der Hälfte der Butter bei großer Hitze rundum anbraten, mit dem Cognac begießen. Die Kastanien schälen, in Salzwasser 14 Minuten kochen. Herausnehmen und die Haut mit einem Tuch abreiben. Weitere 30 Minuten in Salzwasser kochen; wenn sie weich sind, pürieren. Die Äpfel schälen, Kerngehäuse entfernen, in dicke Ringe schneiden. In einer Pfanne mit der restlichen Butter dünsten, das Öl darübergeben. Vor dem Servieren das Fleisch in Scheiben schneiden und mit dem Kastanienpüree sowie den Apfelringen garniert servieren.

Frischlingssteak
mit Roquefortbutter

Zutaten:
4 Rückensteaks je 150 g, 60 g Öl,
Salz, schwarzer Pfeffer,
30 g Roquefort-Käse, 50 g Butter.

Zubereitung:

Die Steaks gut klopfen und flachdrücken, mit Salz und Pfeffer würzen und in heißem Öl saftigbraten, anrichten, mit frischer Roquefort-Butter belegen. Für die Roquefort-Butter die Butter leicht erwärmen und im Mixer mit dem vorher zerbröselten Käse pürieren und verkneten. Kühlstellen und in die gewünschte Form bringen.

Beilage:

Mandelkroketten.

Schinkenscheiben mit Speck

Zutaten:

1 kg Wildschweinkeule,
1 EL Butter, 200 g Räucherspeck,
3 Knoblauchzehen, 0,3 l Rotwein,
Salz, schwarzer Pfeffer, Majoran.

Zubereitung:

Das Fleisch für 2–3 Tage in eine Beize nach Wahl (siehe Beizen) legen. Dann in Scheiben schneiden, flachklopfen, salzen und für 2–3 Stunden ruhen lassen.

Vor dem Braten mit in dünne Stifte geschnittenem Knoblauch spicken, mit Pfeffer und Majoran würzen. In einer Kasserolle Butter zerlassen, die Fleischscheiben hineingeben, mit Räucherspeckscheiben belegen, den Rotwein daruntergießen und im Backofen bei mittlerer Hitze knusprigbraten.

Beilagen:

Kartoffelpüree und Tomatensalat.

Wildschwein mit Estragon

Zutaten:
800 g Wildschweinkeule,
1 Zwiebel, 1 EL Butter,
3 Knoblauchzehen,
0,2 l saure Sahne, Rosenpaprika,
1 EL Tomatenmark, Salz,
schwarzer Pfeffer,
je 1 Msp. Majoran und Estragon,
3 Lorbeerblätter.

Zubereitung:
Das Fleisch in dünne Streifen schneiden und zusammen mit der grobgehackten Zwiebel in Butter anbraten. Mit Salz, Pfeffer, Majoran, den zerdrückten Knoblauchzehen, Lorbeerblättern und Paprika würzen. Tomatenmark dazugeben und mit soviel Wasser aufgießen, daß das Fleisch bedeckt ist. Weichdünsten, dabei die Flüssigkeit einkochen lassen, die saure Sahne dazugeben und Estragon darüberstreuen.

Beilage:
Salzkartoffeln.

Wildschwein-Gemüse-Frikadellen

Zutaten:
500 g Wildschweinfleisch (Hals, Schulter, Blätter),
100 g Räucherspeck, 150 g Mohrrüben,
100 g Petersilienwurzeln,
100 g Kohlrabi, 50 g Sellerie,
1 Paprikaschote,
2 Knoblauchzehen, 2 Eier,
2 trockene Brötchen, zum Einweichen Milch
oder Fleischbrühe, Salz,
schwarzer Pfeffer, Semmelbrösel,
zum Ausbacken: Öl.

Zubereitung:
Das Fleisch mit dem Speck zweimal durch die feine
Scheibe des Fleischwolfes drehen. Gemüse putzen,
ebenfalls durch den Wolf drehen und in etwas Wasser
andünsten. Zum Fleisch geben. Die in Milch oder in
Fleischbrühe eingeweichten Brötchen ausdrücken, mit
den Eiern, den zerdrückten Knoblauchzehen, dem Pfeffer und Salz zur Gemüse-Fleischmasse geben und alles
gut vermengen. Frikadellen formen, in Semmelbröseln
wälzen und in reichlich heißem Öl ausbacken.

Beilagen:
Salzkartoffeln und Gemüse nach Wahl.

Wildschweinrouladen

Zutaten:
1 kg Wildschweinkeule,
2 EL Butter, 1 Zwiebel,
100 g Räucherspeck,
1 Knoblauchzehe,
4 EL Semmelbrösel,
0,2 l saure Sahne, 1 Ei, Salz,
schwarzer Pfeffer, 1 TL Senf.

Zubereitung:
Das Fleisch in große, nicht zu dicke Scheiben schneiden, flachklopfen, mit Salz, Paprika und Pfeffer einreiben.
Für die Füllung: Die Butter mit Ei, Senf, der geriebenen Zwiebel, der zerdrückten Knoblauchzehe und den Semmelbröseln zu einem Teig verarbeiten und auf die Fleischscheiben streichen. Die Scheiben zusammenrollen und mit Küchengarn binden.
Die fertigen Rouladen in einen mit Bratfett ausgestrichenen Bräter legen. Mit Speckscheiben und Zwiebelringen bedecken, etwas Wasser zugeben und im Backofen schmoren. Ab und zu wenden.
Kurz bevor das Fleisch weich ist, die saure Sahne darübergießen und fertigschmoren. Den Bratenfond abschmecken und zusammen mit den Rouladen servieren.

Beilagen:
Reis oder Nudeln

Wildschwein in Rotweinsauce

Zutaten:

750 g Wildschweinkeule,
Salz, schwarzer Pfeffer,
je 1 Prise Rosmarin und Thymian,
75 g fetter Speck in dünnen
Scheiben, 20 g Butterschmalz,
je ¼ l Fleischbrühe (Instant)
und kräftiger Rotwein,
2 Lorbeerblätter,
5 Wacholderbeeren,
1 kl. Glas Pfifferlinge (180 g)
(oder frische zur Saison).

Zubereitung:

Das küchenfertige Fleisch mit Salz, Pfeffer, Rosmarin und Thymian einreiben, rundum mit Speckscheiben bedecken und mit Küchengarn umwickeln. Im heißen Butterschmalz in einer feuerfesten Schüssel anbraten. Lorbeerblatt und Wacholderbeeren dazugeben, nach und nach Brühe und die Hälfte des Weines angießen. Fleisch etwa 90 Minuten schmoren. Zehn Minuten vor Ende der Garzeit die Pfifferlinge und den restlichen Wein dazugeben.

Beilagen:

Kartoffelklöße und Rotkohl.

Wildschweinfilet in Sanddornsaft

Zutaten:
600 g zubereitetes Rückenfilet,
0,7 l Sanddornsaft (Reformhaus),
⅛ l Rotwein, 4 EL Öl zum Bestreichen,
Salz, schwarzer Pfeffer.

Zubereitung:
Den Filetstrang etwa einen Tag in Sanddornsaft marinieren lassen, ab und zu wenden, dann gut abtropfen lassen. Mit Salz und Pfeffer nach Geschmack würzen, mit Öl bestreichen und im Grill bei starker Hitze saftigbraten. Dabei öfters mit dem Öl und der Marinade bestreichen. Den entstehenden Bratensaft in einer Schale auffangen und mit der Marinade und dem Rotwein kurz aufkochen, abschmecken und getrennt servieren.

Beilage: Butterspätzle

Gefüllte Wildschweinkeule

Zutaten:
1 kg Keule, 1 EL Butter,
150 g Räucherspeck,
3 Paprikaschoten, 2 Tomaten,
1 Zwiebel, Salz, schwarzer Pfeffer,
4 Wacholderbeeren, 1 Knoblauchzehe,
1 EL mittelscharfer Senf.

Zubereitung:
Die küchenfertige Keule in Abständen von 1 cm tief einschneiden, aber so, daß unten ½ cm im Stück ste-

henbleibt und das Fleisch zusammenhält. In die Spalten dünne Scheiben Speck, Paprikaschoten, Tomaten, Zwiebel und Knoblauch stecken. Die Scheiben mit Zahnstochern so zusammenstecken, daß das Fleischstück seine ursprüngliche Form zurückerhält. Mit Salz, Pfeffer und gemahlenen Wacholderbeeren bestreuen. In einer feuerfesten Form oder einem Bräter in heißer Butter anbraten, danach etwas Wasser aufgießen, das Fleisch leicht mit Senf bestreichen, zudecken und im Backofen garen.

Beilage: Bratkartoffeln.

Wildschweinkeule mit Hagebuttensauce

Zutaten:
1 kg Wildschweinkeule,
2 l Rotwein, 1 l Beize, Hagebuttenkonfitüre,
1 EL mittelscharfer Senf, Salz,
schwarzer Pfeffer, Zucker.

Zubereitung:
Die küchenfertige Wildschweinkeule für 2–3 Tage in eine Rotweinbeize (siehe Abschnitt „Beizen") legen. Danach in der Beize zum Kochen aufsetzen. Wenn das Fleisch gar ist, herausnehmen, in Scheiben schneiden und kaltstellen. Inzwischen in einem Topf Hagebuttenmarmelade mit etwas Beize und Senf aufkochen, mit Salz, Pfeffer und einer Prise Zucker abschmecken, etwas eindicken und separat zum kalten Fleisch servieren.

Beilagen: Vollkornbrot und Meerrettichsahne.

Wildschweinbraten mit Maronenpüree

Zutaten:

1000 g Wildschweinfleisch vom Bug,
½ l Rotwein, 2 Nelken, 1 Zwiebel,
5 Wacholderbeeren, 1 Stückchen Ingwer,
150 g Räucherspeck,
1000 g Maronen, Zucker, Salz,
schwarzer Pfeffer, ¾ l Milch,
50 g geschälte Pistazien, 2 cl Cognac.

Zubereitung:

Das küchenfertige Fleisch in eine große Schüssel (kein Metall) legen. Für die Rotweinbeize ½ l Wein, ½ l Wasser mit Nelken, grobgehackter Zwiebel, Wacholderbeeren und Ingwer aufkochen und kochend heiß über das Fleisch geben. Das Fleisch unverändert 3–6 Tage darin kühlstellen, ab und zu wenden. In dem gewürfelten, ausgelassenen Speck das abgetrocknete Fleisch gesalzen und gepfeffert anbraten. Mit ¼ l Rotweinbeize auffüllen. Etwa 60 Minuten bei mittlerer Hitze garen, nach halber Bratzeit wenden.

Die Eßkastanien wurden inzwischen an der Seite mit dem Messer eingekerbt, auf ein mit Wasser benetztes Backblech gegeben und im heißen Backofen 30 Minuten weichgebraten. Die Schale pellen und die innere Haut abrubbeln, dann die Kastanien pürieren, mit Zucker und Salz würzen. ½ bis ¾ l kochende Milch unter ständigem Rühren zuschütten. Das Püree darf nicht zu weich werden. Die Masse in einen Spritzbeutel füllen und den Braten und die Platte damit garnieren. Auf die Spritzhäubchen jeweils eine Pistazie, die zuvor von der Schale befreit wurde, drücken.

Wenn der Braten fertig ist, aus dem Fond nehmen, die Sauce durch ein Sieb passieren, Cognac zugeben und mit Salz und Pfeffer abgeschmeckt servieren.

Beilagen: Preiselbeeren und Mandelkroketten.

Mit Pilzen gefüllter Wildschweinbraten

Zutaten:
*1 kg Wildschweinkoteletts
(ohne Knochen) oder Keule,
150 g Champignons, 1 Zwiebel,
2 EL Öl, Salz, schwarzer Pfeffer, Paprika;
zum Ausbacken: Ei, Mehl,
Semmelbrösel, Öl.*

Zubereitung:
Das Fleisch in Scheiben schneiden und kräftig mit Salz und Pfeffer einreiben. Die feingehackte Zwiebel und die Champignons in 1 EL Öl mit Salz und Pfeffer dünsten, bis der eigene Saft fast verdunstet ist. Die Masse abkühlen und auf jede Fleischscheibe 1 Löffel davon geben. Die Scheiben zusammenrollen und mit Holzstäbchen (Zahnstocher) zusammenstecken, die Enden gut schließen, damit die Füllung nicht herausläuft. Die Fleischrollen in Mehl, Ei und Semmelbröseln wälzen und in heißem Öl kräftig rundum braten.

Beilagen: Salzkartoffeln, Paprikasalat.

Wildschweinrücken in Wacholderrahm

Zutaten:
1 200 g Rücken, 80 g Speck,
in dünne Scheiben geschnitten,
¼ l Brühe (Instant),
40 g Butter, 2 Zwiebeln,
6 zerstoßene Wacholderbeeren,
4 cl Gin, 1 Becher saure Sahne,
Saft von 1 Zitrone,
Salz, schwarzer Pfeffer.

Zubereitung:
Das überschüssige Fett vom Fleisch entfernen und das Stück mit Salz, Pfeffer und Wacholder einreiben, mit Speckscheiben belegen und in Butter mit Zwiebelscheiben in einem Bräter kräftig anbraten und weitergaren. Bei Bedarf etwas Wasser aufgießen. Die Rückenfilets sollen schön saftig und innen leicht rosa bleiben.
Wenn das Fleisch gar ist, die Speckscheiben abnehmen, den Rücken mit Gin übergießen und auf dem Rost im Backofen gut braun werden lassen. Den Bratenfond mit der Brühe sowie Sahne und Zitronensaft aufkochen, durchseihen und gesondert reichen. Zur Verfeinerung etwas Apfelmus unter die Sauce rühren.

Beilagen:
Prinzeßkartoffeln und in Speck gedünsteter Rosenkohl.

Wildschweinschnitzel

Zutaten:

4 Scheiben Wildschweinsteaks,
¼ l Rotwein, ⅛ l Essig, 1 Zwiebel,
1 Bund Suppengemüse,
1 Lorbeerblatt, 4 Pfefferkörner,
2 Gewürznelken, Öl,
1 EL Tomatenmark,
⅛ l saure Sahne, Mehl,
Salz, schwarzer Pfeffer.

Zubereitung:

Das Fleisch küchenfertig machen. Rotwein, Essig, Zwiebel, geputztes, kleingeschnittenes Suppengemüse und Gewürze aufkochen. Die Beize abkühlen lassen und die Fleischscheiben einen Tag darin ziehen lassen. Fleisch abtrocknen und in heißem Öl von beiden Seiten kräftig anbraten, insgesamt etwa 5 Minuten, herausnehmen und warmstellen. Das Suppengemüse aus der Beize nehmen und mit dem Tomatenmark in dem Bratfett gut köcheln lassen, mit ¼ l verdünnter Beize auffüllen. Die Sauce dann durch ein feines Sieb passieren. Mehl in der sauren Sahne anrühren und die Sauce damit binden. Salzen, pfeffern und über die Fleischscheiben gießen.

Beilagen:

Pommes frites oder Bratkartoffeln.

Wildschweinkoteletts Gärtnerinart

Zutaten:
4 Koteletts je 150 g,
schwarzer Pfeffer, Salz, 60 g Öl,
1 feingehackte Zwiebel,
4 mittelgroße Tomaten,
4 Scheiben Kräuterbutter,
4 Scheiben Grillspeck, fritiert,
½ Glas trockener Weißwein,
⅛ l Rotwein.

Zubereitung:
Die Koteletts gut würzen und mit den Zwiebelwürfeln in heißem Öl kräftig von beiden Seiten braten. Den Bratenfond mit Weißwein ablöschen, den Rotwein dazugeben und alles etwas einkochen lassen. Dann durch ein Sieb passieren, mit Salz und Pfeffer abschmecken und getrennt servieren.
Zwischenzeitlich die Tomaten kreuzförmig einschneiden, in jeden Schnitt etwas Kräuterbutter geben und im Backofen grillen. Mit den Koteletts auf je einer Speckscheibe servieren.

Beilagen:
Bratkartoffeln und in Speck gedünstete Champignons.

Wildschwein mit Waldpilzen

Zutaten:

*1 kg Wildschweinfilet oder
ausgelöster Kotelettstrang, 1 EL Butter,
300 g gemischte Waldpilze
(aus dem Delikateßgeschäft) oder
250 g gemischte Waldpilze aus der Dose,
1 Zwiebel, Salz, schwarzer Pfeffer,
Paprika (edelsüß).*

Zubereitung:

Das vorbereitete Fleisch in Scheiben schneiden, flachklopfen und salzen. In der Butter auf beiden Seiten
knusprigbraten, herausnehmen und warmstellen. Im
zurückgebliebenen Fond eine mittlere geriebene Zwiebel glasigbraten, mit Pfeffer, Salz nach Geschmack und
Paprika würzen, die in Scheiben geschnittenen Pilze
dazugeben und erhitzen. Wenn die Pilze heiß sind, die
angebratenen Fleischscheiben darauflegen und einige
Minuten zusammen dünsten.

Beilage:

Countryreis.

Wildschwein mit Sauerkraut

Zutaten:
1 kg gemischtes Fleisch vom Wildschwein,
1 kg Sauerkraut, 3 EL Butter, 2 Zwiebeln,
½ l Rotwein, Salz, Paprika (edelsüß),
schwarzer Pfeffer, Lorbeerblätter,
Majoran.

Zubereitung:
Das Fleisch (z. B. Rippchen, Schulterstück, Rückenstück usw.) in mundgerechte Würfel schneiden. Die Zwiebel würfeln und in Butter anrösten, das Fleisch dazugeben, salzen, zur Hälfte mit Wasser, zur Hälfte mit Rotwein aufgießen und auf kleiner Flamme garen.
Wenn es weich zu werden beginnt, mit Pfeffer, Lorbeerblättern, Majoran und Paprika würzen. Das Sauerkraut dazugeben und fertigkochen.

Beilage:
Salzkartoffeln.

Wildschweincurry

Zutaten:
600 g schieres Fleisch,
Salz, schwarzer Pfeffer,
1 feingehackte große Zwiebel,
Butter, 25 g Curry, 0,2 l Weißwein,
0,2 l saure Sahne,
1 Kräutersträußchen,
150 g säuerliche Äpfel, gewürfelt,
100 g Mangochutney (Glas).

Zubereitung:

Das Fleisch würfeln, würzen, mit Mehl bestäuben und in heißem Fett mit den Zwiebelwürfeln unter öfterem Rühren leicht bräunen. Danach Curry dazugeben, kurz anschwitzen, sofort Weißwein und etwas Wasser angießen. Kräutersträußchen (Majoran, Thymian usw.) dazugeben, Gefäß abdecken. Das Curry bei mittlerer Hitze etwa 40 Minuten garziehen lassen. Dabei öfter umrühren. Kurz vor Ende der Garzeit Apfelstücke, Mangochutney und saure Sahne dazugeben, alles gut verrühren, mit Salz und Pfeffer abschmecken und heiß servieren. Kräutersträußchen entfernen.

Beilage:
Reis.

Wildschweinrippchen mit Dill

Zutaten:
1,5 kg Rippchen, 2 EL Butter,
1 EL Mehl,
0,3 l Fleischbrühe (Instant),
0,1 l Weißwein,
1 Becher saure Sahne, 1 EL Senf,
1 saure Gurke, Salz,
schwarzer Pfeffer, 1 Bund Dill.

Zubereitung:
Das küchenfertige Fleisch von den Knochen lösen, in handtellergroße Stücke schneiden, die fleischige Seite gut ausklopfen, in Mehl wälzen und in heißer Butter braten. In eine Schüssel legen. Das Mehl im Bratfett gelblich rösten, mit der Fleischbrühe, dem Wein und dem Senf gut durchkochen. Fleisch zurücklegen und auf kleiner Flamme weichkochen. Die saure Sahne mit dem kleingehackten Dill und die in Würfel geschnittene saure Gurke dazugeben, mit Salz und Pfeffer abschmecken und servieren.

Beilage:
Kartoffelpüree.

Wildschwein-Bohnen-Gulasch

Zutaten:
600 g Wildschweinfleisch aus der
Schulter, 100 g Räucherspeck,
2 Mohrrüben, 2 Petersilienwurzeln,
2 Sellerieviertel, 400 g aus den
Hülsen gelöste grüne oder
200 g trockene Bohnen,
2 Knoblauchzehen,
2 Paprikaschoten, 2 Tomaten,
1 Zwiebel, 3–4 Kartoffeln,
Salz, Paprika (edelsüß), Majoran, Kümmel.

Zubereitung:
Das küchenfertige Fleisch würfeln. Den Speck in kleine Würfel schneiden, auslassen, die in Würfel geschnittene Zwiebel in dem Fett goldgelb rösten. Paprikaschoten und Tomaten grobwürfeln und mit dem Fleisch dazugeben, kurze Zeit dünsten. Mit gemahlenem Kümmel, Majoran, Paprika und Salz würzen. Eine zerdrückte Knoblauchzehe dazugeben, ein wenig Wasser aufgießen und zugedeckt auf kleiner Flamme dünsten. Wenn das Fleisch halbgar ist, das in Scheiben geschnittene Wurzelwerk dazugeben. Wenn trockene Bohnen verwendet werden, diese schon am Vortag wässern und mit dem Fleisch zusammen aufsetzen. (Grüne Bohnen mit dem Wurzelwerk dazugeben). Mit 2 l Wasser aufgießen und kochen. Wenn das Fleisch schon fast weich ist, die in Würfel geschnittenen Kartoffeln und die zweite zerdrückte Knoblauchzehe dazugeben und zugedeckt garkochen, abschmecken und im Topf servieren.

Beilagen: Kartoffelklöße

Wildschwein-Kesselgulasch

Zutaten:
600 g Wildschweinrippen,
1 Zwiebel, 2 Paprikaschoten,
2 Tomaten, 2 Knoblauchzehen,
300 g festkochende Kartoffeln,
1 EL Schmalz, Salz,
Paprika (edelsüß),
schwarzer Pfeffer, 1 TL Majoran.

Zubereitung:
Das Fleisch mundgerecht würfeln. Eine große Zwiebel grobwürfeln und im Kessel im Schmalz anrösten. Die Fleischstücke, die in Stücke geschnittenen Paprikaschoten und Tomaten dazugeben, salzen und pfeffern. 1½ l Wasser aufgießen und auf kleiner Flamme etwa 60–70 Minuten köcheln lassen. Wenn das Fleisch weich zu werden beginnt, die in Würfel geschnittenen Kartoffeln dazugeben, mit Majoran und Paprika würzen und fertigkochen. Mit Paprika abschmecken und heiß servieren.

Beilage:
deftiges Landbrot.

Wildeintopf

Zutaten:
500 g Wildgulasch, 50 g Fett,
3 Zwiebeln, 1 Lorbeerblatt, Salz,
schwarzer Pfeffer, Muskat,
½ Flasche Weißwein,
500 g Möhren, 500 g Sellerie,
250 g Teltower Rübchen,
½ l Brühe (Instant),
150 g TK-Erbsen oder ½ Dose Erbsen,
250 g Nudeln, ½ Bund Petersilie.

Zubereitung:
Das mundgerecht gewürfelte Fleisch in heißem Fett anbraten, Zwiebelwürfel zugeben und glasigdünsten. Würzen und mit Wein ablöschen. Das Fleisch etwa 15 Minuten schmoren lassen. Die in Scheiben geschnittenen Möhren, die gewürfelten Sellerie und die halbierten Teltower Rübchen zum Fleisch geben, die Brühe angießen und alles etwa 40 Minuten bei kleiner Hitze garen. Die Erbsen in dem fertigen Gericht erhitzen. Die Nudeln in Salzwasser kochen und unter das Gericht mischen. Mit Salz, Pfeffer, Muskat abschmecken und mit feingehackter Petersilie überstreut servieren.

Wildgeflügel

Fasan mit Äpfeln gefüllt

Zutaten:
1 Fasan,
100 g frische Champignons,
100 g Räucherspeck,
0,2 l saure Sahne,
2 säuerliche Äpfel, 1 EL Schmalz,
Salz, weißer Pfeffer, Majoran.

Zubereitung:

Unter die Brusthaut des küchenfertigen Fasans dünne Speckscheiben ziehen und salzen, innen mit Majoran kräftig einreiben. Die Äpfel schälen, halbieren, Kerngehäuse entfernen und die Bauchhöhle mit den Äpfeln und den halbierten Pilzen füllen. Den Fasan in eine feuerfeste Schüssel legen, mit heißem Schmalz übergießen, ein wenig Wasser dazugeben und zugedeckt im Backofen bei mittlerer Hitze weichdünsten. Dann den Deckel entfernen und den Fasan – den man immer wieder mit saurer Sahne begießt – knusprigbraten, herausnehmen und zerlegen. Die Äpfel in den Bratensaft geben und zusammen mit der restlichen sauren Sahne völlig zerkochen lassen, dann durch ein Sieb passieren, mit Salz und Pfeffer abschmecken und mit der Hälfte der Sauce die Fleischteile übergießen, den Rest separat servieren.

Beilage:

Reis

Gebratener Fasan mit Rahmsauce

Zutaten:
1 großer Fasan,
2 dicke Scheiben frischer Speck,
125 g Weintrauben, 50 g Butter,
1 TL Mehl, ⅛ l saure Sahne,
⅛ l süße Sahne, 1 Zwiebel,
1 Möhre, 1 Stückchen Sellerie,
weißer Pfeffer, Salz.

Zubereitung:
Den küchenfertigen Fasan innen und außen salzen und pfeffern, mit Speck umwickeln, in einer Kasserolle zusammen mit der grobgehackten Möhre, Sellerie und Zwiebel in der heißen, zerlassenen Butter rundherum kräftig anbraten. Danach den Fasan ohne die Speckstreifen noch einmal 15 Minuten im heißen Backofen braten, bis das Fleisch rosa ist. Den Bratensaft in der Kasserolle mit 1 Tasse Wasser löschen und durch ein Sieb passieren. Das Mehl mit der sauren Sahne anrühren, zu der Sauce geben und mit der anderen Sahne legieren. Die beiden Speckscheiben würfeln und in einer Pfanne kroß ausbraten. Die entkernten Weintrauben dazugeben, anschmoren und zusammen mit den Speckwürfeln über den Fasan geben. Die Sauce getrennt servieren.

Beilage:
Kartoffelplätzchen

Fasan ›Lukull‹

Zutaten:

1 Fasan, 1 Kalbsniere,
Speckscheiben, Bratfett, Butter,
2 Eigelb, 1 Becher saure Sahne,
2 cl Rum, ½ Tasse Walnüsse,
2 Stangen Lauch, 3 Zwiebeln,
1 Möhre, 1 Paprikaschote,
Petersilie, Salz,
125 g Champignons, 1 EL Rotwein,
1 EL Weinessig, Thymian,
weißer Pfeffer, Koriander,
Sojasauce, 300 g Weintrauben.

Zubereitung:

Den küchenfertigen Fasan mit Speckscheiben umwikkeln und unter häufigem Wenden in heißer Butter in etwa 15 Minuten braunbraten. Dann aus der Kasserolle nehmen. In den Fond das geputzte, kleingeschnittene Gemüse geben, das aber nicht braun werden darf, den Fasan auf dieses Bett legen, Salz, Pfeffer, Champignons und grobgehackte Walnüsse dazugeben. Eine Tasse Wasser und zum Schluß den Rum darübergießen. 20 Minuten bei geringer Hitze dünsten, dann den Fasan herausnehmen.

In die Sauce die in heißer Butter gebratenen dünnen Kalbsnierenscheiben, Rotwein, Essig und die übrigen Gewürze geben, mit Eigelb und Sahne verquirlen und unter Rühren untermischen, die entkernten Trauben darin erhitzen, abschmecken und getrennt servieren.

Beilagen:

Kartoffelpüree und grüner Salat

Überbackener Fasan

Zutaten:
1 Fasan, 2 Wacholderbeeren, Salz,
1 kleine Zwiebel, 4 cl Sherry,
3 Eigelb, weißer Pfeffer,
Semmelbrösel, 3 Eiweiß,
100 g Reibkäse, 2 x 50 g Butter.

Zubereitung:
Den küchenfertigen und leicht gesalzenen Fasan in einem Bräter in 50 g Butter braten. Das Fleisch von den Knochen lösen und feinwürfeln. Mit Salz, zerdrückten Wacholderbeeren, kleingehackter Zwiebel und Sherry abschmecken. Eigelb dazugeben und die Masse mit Semmelbröseln binden. Die Eiweiße zu steifem Schnee schlagen und langsam unterziehen.

Diese Fasanmasse in vier ausgefettete feuerfeste Förmchen füllen, mit geriebenem Käse bestreuen und mit zerlassener Butter beträufeln. Im Backofen bei etwa 225 Grad überbacken, bis der Käse goldbraun ist.

Beilage:
Stangenbrot

Gebratener Fasan

Zutaten:
*1 Fasan, weißer Pfeffer, Salz,
2 große Scheiben Räucherspeck,
75 g Butter, 1 Glas trockener Weißwein,
2 EL saure Sahne.*

Zubereitung:
Den küchenfertigen Fasan von innen und außen leicht salzen und pfeffern, mit den Speckscheiben umwickeln und in einer Kasserolle bei mittlerer Hitze etwa 60 Minuten braten. Kurz vor beendeter Bratzeit den Speck abnehmen und unter häufigem Beschöpfen mit zerlassener Butter und Bratensud kurz weitergaren, bis die Haut kroß ist. Die Sauce mit Weißwein und saurer Sahne sowie Salz und Pfeffer abschmecken und mit dem kleingeschnittenen Speck vermengt servieren.

Beilage: Spätzle

Fasanenhackbraten

Zutaten:
*Brust und Keulen vom Fasan,
1 Brötchen, Milch zum Einweichen,
50 g Räucherspeck, 2 Knoblauchzehen, 1 Ei,
1 EL saure Sahne, Semmelbrösel,
Salz, weißer Pfeffer;
Öl zum Braten.*

Zubereitung:
Den küchenfertigen Fasan zerlegen, Brust- und Keulen-
fleisch von den Knochen lösen und mit dem Speck drei-
mal durch die feine Scheibe des Fleischwolfes drehen
und mit dem in Milch eingeweichten und ausgedrückten Brötchen, der sauren Sahne, dem Ei, Pfeffer, Salz
und mit den zerdrückten Knoblauchzehen gut verkneten. Handtellergroße Klopse formen, in Semmelbröseln
wälzen und in heißem Öl in einer Pfanne goldbraun
ausbacken.

Rebhuhn ›Winzer Art‹

Zutaten:
4 Rebhühner, 8 Weinblätter,
4 Scheiben fetter Speck,
4 Scheiben Toastbrot ohne Rinde,
500 g geschälte, entkernte Weintrauben,
75 g Butter, ⅛ l Weißwein, ¼ l Wildbrühe (Glas).

Zubereitung:
Die küchenfertigen Rebhühner mit je zwei Weinblättern
und einer Speckscheibe belegen und mit Küchengarn
umbinden. Mit Salz und Pfeffer würzen und bei großer
Hitze 20–25 Minuten braten. Den Bratensatz mit Weißwein ablöschen und mit Wildbrühe auffüllen. Die Weintrauben in etwas Wildbrühe erhitzen, Rebhuhn auf den
Toastscheiben anrichten, mit Speckscheiben belegen
und mit heißen Trauben umlegen; mit Sauce übergossen servieren.

Beilagen: Kartoffelpüree und Weinsauerkraut

Rebhuhn auf Linsenpüree

Zutaten:
4 junge Rebhühner, 500 g Linsen,
200 g Räucherspeck,
4 große Scheiben fetter Speck,
80 g Butter, 1 große Zwiebel,
⅛ l süße Sahne,
5 Wacholderbeeren,
1 Lorbeerblatt, Salz,
weißer Pfeffer, Saft einer Zitrone.

Zubereitung:
Die Linsen über Nacht einweichen und im gleichen Wasser zusammen mit dem gewürfelten Räucherspeck und dem Lorbeerblatt garkochen. Das Wasser dabei einkochen lassen. Anschließend die Linsen durch ein Sieb pürieren, Sahne zugeben, etwas Butter zufügen und mit Salz und Pfeffer abschmecken. Danach den Zitronensaft unterrühren.

Die Rebhühner innen und außen salzen, die Bauchhöhle mit weißem Pfeffer und den zerdrückten Wacholderbeeren ausreiben. In reichlich Butter und mit den Speckscheiben umwickelt im Backofen in einer Kasserolle etwa 20 Minuten braten. Nach 10 Minuten Garzeit die in Scheiben geschnittene Zwiebel dazugeben. An den Linsenbrei noch 2 EL Bratensaft geben. Dann wird er mit den Zwiebelscheiben bedeckt. Darauf die Speckscheiben legen und die halbierten Rebhühner darauf anrichten.

Rebhühner mit Trauben

Zutaten:
4 Rebhühner,
Salz, schwarzer Pfeffer,
2 Scheiben Toastbrot, 40 g Butter,
125 g gekochter Schinken,
250 g Weintrauben, 4 cl Sherry,
4 Scheiben fetter Speck (125 g),
15 g Mehl, ⅜ l Wasser.

Zubereitung:
Die küchenfertigen Rebhühner mit Salz und Pfeffer innen und außen einreiben. Das Toastbrot würfeln und in 10 g Butter rösten. Den Schinken in schmale Streifen schneiden, Weintrauben halbieren und entkernen. 50 g von beidem mit dem Brot vermengen und mit Salz, Pfeffer und Sherry würzen, die Rebhühner damit füllen und mit Küchengarn zunähen, danach jedes Huhn mit einer Speckscheibe umwickeln. Die restliche Butter in einen Bräter geben, die Rebhühner hineinlegen und im Backofen bei 220 Grad unter häufigem Beschöpfen etwa 35 Minuten braten. Bei Bedarf etwas Wasser zufügen. Dann den Speck abnehmen und die Hühner weitere 10 Minuten braten und dann warmstellen. Den Speck in Streifen schneiden, zusammen mit den restlichen Schinkenstreifen und Trauben im Bratfond durchschmoren und über die Rebhühner geben. Das Mehl im Bratfond dünsten, mit Wasser ablöschen und die Sauce mit Salz, Pfeffer und Sherry abschmecken.

Beilage:
Kartoffelpüree

Rebhuhn auf Toastsockel

Zutaten:

*2 Rebhühner, Salz, schwarzer Pfeffer,
Majoranpulver, 75 g fetter Speck, 1 Zwiebel,
4 Scheiben Toastbrot, 50 g Butter,
Rotwein, 1/8 l saure Sahne,
1 EL Mehl, 1 Bund Petersilie.*

Zubereitung:

Die küchenfertigen Rebhühner halbieren und mit Salz, Pfeffer und Majoran innen und außen einreiben. Den Speck würfeln und auslassen, die Rebhühner darin anbraten. Die gewürfelte Zwiebel dazutun und dünsten. Das Ganze zugedeckt etwa 15 Minuten garen. Die Toastscheiben auf beiden Seiten in Butter rösten und die Rebhuhnhälften darauf anrichten. Den Bratensatz mit Rotwein, saurer Sahne, Salz und Pfeffer abschmekken und mit dem in etwas Sahne angerührten Mehl binden. Die Sauce über die belegten Toastscheiben gießen. Mit Petersiliensträußchen garnieren.

Gefülltes Rebhuhn auf Champignons

Zutaten:

*2 Rebhühner, Salz, schwarzer Pfeffer,
100 g dünne Räucherspeckstreifen,
375 g Champignons,
Herz und Leber der Rebhühner,
1 Brötchen, 1 Ei, 1 Bund Schnittlauch,
1 Zwiebel, 1 Stück Butter, 50 g Butter.*

Zubereitung:
Die küchenfertigen Rebhühner mit Salz und Pfeffer bestreuen. Für die Füllung 125 g frische Champignons putzen und in Scheiben schneiden. Leber und Herz waschen, feinhacken und mit dem in Wasser eingeweichten und wieder ausgedrückten Brötchen, dem Ei, feingehacktem Schnittlauch, feingehackter Zwiebel, Salz, Butter und den Champignons zu einer Masse vermengen. Die Rebhühner damit füllen. Die Öffnungen mit Küchengarn zunähen. In Speckstreifen wickeln und in der heißen Butter etwa 15 Minuten braten.
Zwischenzeitlich die restlichen Champignons säubern, blättrigschneiden und in Butter gardünsten. Würzen. Die Rebhühner auf den Champignons angerichtet servieren.

Wildtauben in Butter gedünstet

Zutaten:
4 Wildtauben, 100 g Räucherspeck, 100 g Butter,
2 Mohrrüben, 100 g grüne Erbsen,
Saft von 1 Zitrone, 1/8 l Brühe (Instant), Salz.

Zubereitung:
Die küchenfertigen Tauben mit Salz einreiben. Den Speck in kleine Würfel schneiden und in der Butter glasigbraten. Die in kleine Würfel geschnittenen Mohrrüben, die Erbsen und die Tauben dazugeben, mit dem Zitronensaft begießen und zugedeckt gardünsten. Ist die Flüssigkeit verdunstet, die Fleischbrühe nachfüllen. Die Tauben im Bratenfond in einer Schüssel servieren.

Beilage: Bratkartoffeln

Wildtauben auf Jägerart

Zutaten:
4 Tauben,
100 g fetter Räucherspeck,
¼ l Fleischbrühe (Instant),
5 Wacholderbeeren,
150–170 g Waldpilze (aus dem
Delikateßgeschäft) oder
100 g Waldpilze aus der Dose,
Thymian, Salz, ⅛ l süße Sahne,
10 g Mehl, 10 g Butter.

Zubereitung:

Die küchenfertigen Tauben innen salzen, dann mit dünnen Speckscheiben umwickeln und in einer Kasserolle im Backofen unter häufigem Begießen garen. In den letzten 15 Minuten den Speck abnehmen. Den Bratenfond mit Brühe, zerdrückten Wacholderbeeren und Thymian durchkochen und durch ein Sieb passieren. Die Waldpilze zugeben und mit Sahne verfeinern, die Sauce mit etwas in Butter verknetetem Mehl leicht binden, dann die Sauce über die Tauben geben.

Beilagen:

Kartoffelklöße und Wacholdersauerkraut

Wildtauben nach Flößer-Art

Zutaten:
4 Tauben, 4 Scheiben Toastbrot,
4 EL Milch, ½ Zwiebel, 50 g Butter,
2 Eier, 1 EL gehackte Petersilie,
1 kg frischer Lehm, Salz, schwarzer Pfeffer,
Paprika (edelsüß), 1 TL Tomatenmark.

Zubereitung:

Die Tauben ungerupft ausnehmen und innen leicht salzen und pfeffern. Die Leber und die Zwiebelwürfel in Butter anbraten und die in Milch eingeweichten und ausgedrückten Brotscheiben sowie die rohen Eier, die Petersilie und Gewürze dazugeben und gut vermengen. Die Tauben füllen und mit Küchengarn zunähen.

Dann den Lehm mit Wasser streichfähig machen und gegen „den Strich" der Federn dick auf die Tauben streichen. Diese Lehmklumpen in die Glut eines Feuers oder Grills legen und etwa 1½ Stunden garen lassen.

Der Lehm wird dann mit einem Hammer auseinandergeschlagen, so daß die Scherben abfallen. Die Federn bleiben am Lehm hängen.

Beilagen:

Gebackene Kartoffeln mit Sauerrahm

Tauben in Weinsauce

Zutaten:
4 Tauben, 4 EL Butter, 4 Zwiebeln,
4 Möhren, 1 Stange Lauch,
1 Tasse Weißwein, Salz, schwarzer Pfeffer.

Zubereitung:
Die küchenfertigen Tauben in der heißen Butter in einer
Kasserolle unter ständigem Wenden kräftig anbräunen,
dann herausnehmen. Im gleichen Fett werden die feingeschnittenen Zwiebeln und Möhren, Lauchstückchen
und die feingehackten Taubenlebern gedünstet. Dabei
langsam je 1 Tasse Wasser und Wein darunterrühren. Mit
Salz und Pfeffer würzen. Bei geringer Hitze etwa ½
Stunde kochen lassen. Nun die Sauce durch ein Sieb
passieren, in die Kasserolle zurückgießen, die Tauben
wieder dazugeben und zugedeckt garen lassen.

Gefüllte Wachteln

Zutaten:
4 Wachteln, 200 g Champignons,
⅛ l Fleischbrühe (Instant),
1 Zwiebel, 1 Ei, 100 g Butter, 1 Brötchen, Salz,
schwarzer Pfeffer, 1 Bund Petersilie.

Zubereitung:
Die küchenfertigen Wachteln mit nachstehender Masse
füllen: Die Zwiebel feinhacken, in der Hälfte der Butter
glasigdünsten, die kleingehackte Petersilie und die in
Scheiben geschnittenen Pilze dazugeben, salzen, pfef-

fern und dünsten. Ein wenig abkühlen lassen und das in der Fleischbrühe eingeweichte, gut ausgedrückte Brötchen und das Ei dazugeben, die Masse gut vermischen. Die Wachteln füllen, die Öffnungen mit Küchengarn zunähen, mit der restlichen Butter einreiben, in einer Kasserolle im Backofen bei geringer Hitze knusprigbraten.

Beilage: Kartoffel-Röstis

Flambierte Wachteln

Zutaten:
8 Wachteln (mit Lebern),
8 Scheiben salzloser Speck,
weißer Pfeffer, Salz, Thymian,
40 g Butter, 4 cl Cognac.

Zubereitung:
Die küchenfertigen Wachteln innen und außen mit Pfeffer und Salz würzen, mit Speckscheiben umwickeln und etwa 10 Minuten rundum in Butter braten. Die Wachtellebern getrennt in einer Pfanne in etwas Butter anbraten, mit Salz, Pfeffer und Thymian würzen und durch ein feines Sieb streichen. Den Bratenfond der Wachteln unter die Lebermasse rühren und in eine Sauciere gießen. Die Wachteln auf einer Platte anrichten, mit etwas Cognac begießen, am Tisch flambieren und sofort servieren.

Beilagen:
Kartoffelplätzchen und Feldsalat

Wachteln auf italienische Art

Zutaten:
8 Wachteln,
Salz, weißer Pfeffer, Reibkäse,
8 große dünne Speckscheiben,
1 Bund Suppengrün,
5 Pfefferkörner,
Rosmarin, Weinblätter,
1 Lorbeerblatt, ⅛ l Weißwein.

Zubereitung:
Die vorbereiteten Wachteln mit Salz, Pfeffer und geriebenem Käse bestreuen. In Speckscheiben wickeln. Das geputzte und zerkleinerte Suppengrün, die Weinblätter und Gewürze in eine Kasserolle schichten. Den Weißwein auffüllen und die Wachteln darauf in etwa 30 Minuten gardünsten. Anschließend die Wachteln halbieren und auf den gedünsteten Weinblättern anrichten.

Wachteln in Wein gedünstet

Zutaten:
4 Wachteln, 50 g Räucherspeck,
50 g Butter, 0,2 l Rotwein, Salz,
Salbei, Rosmarin.

Zubereitung:
Die küchenfertigen Wachteln innen mit Salbei und Rosmarin einreiben und salzen. In die dünnen Speckscheiben wickeln und mit Küchengarn befestigen. In eine Kasserolle legen, mit Butter einreiben, Wein dazugießen und zugedeckt weichdünsten.

Beilage: Gemüsereis

Kräuter-Wachteln

Zutaten:
8 Wachteln, weißer Pfeffer, Salz,
8 große dünne Speckscheiben,
100 g Butter, 1 Bund Schnittlauch,
1 Bund Petersilie, Kresse,
abgeriebene Schale von ½ Zitrone.

Zubereitung:
Die küchenfertigen Wachteln von innen und außen leicht salzen und pfeffern, mit den Speckscheiben umwickeln und in heißer Butter rundum garbraten. Den Speck abnehmen und die Wachteln noch kurz bräunen. Die Kräuter feinhacken, mit der geriebenen Zitronenschale, dem kleingewürfelten Bratspeck und dem Bratenfond vermischen und heiß über die Wachteln geben.

Schnepfenbraten

Zutaten:
2 Schnepfen, 50 g Butter,
0,1 l Fleischbrühe (Instant),
100 g Räucherspeck-Scheiben,
schwarzer Pfeffer, Salz.

Zubereitung:
Die küchenfertigen Schnepfen (denen die Köpfe mit
dem Schnabel und die Füße nicht abgeschnitten werden) innen und außen mit Salz und Pfeffer einreiben.
Den langen Schnabel durch die beiden Keulen stechen.
Dann die Vögel mit den Speckscheiben umwickeln, diese
mit Küchengarn befestigen. Die Schnepfen rundum in
Butter braten, zwischendurch mit Fleischbrühe begießen. Wenn sie gar sind, die Vögel der Länge nach in zwei
Hälften aufschneiden, mit den ausgebratenen Speckscheiben zudecken. Den Bratenfond abschmecken und
die Vögel damit übergießen, heiß servieren.

Gefüllte Schnepfen

Zutaten:
4 Schnepfen, 4 Brötchen,
1 Bund Petersilie, Salz, weißer Pfeffer,
1 Prise Curry, 4 Eier,
dünne, große Speckscheiben,
4 cl Madeira, ⅛ l saure Sahne.

Zubereitung:
Für die Füllung die in Milch eingeweichten, ausgedrückten Brötchen, gehackte Petersilie, Salz, Pfeffer, Curry

und die Eier gut vermischen. Die küchenfertigen Schnepfen damit füllen. Die Öffnungen mit Küchengarn zunähen. Jede Schnepfe mit Speck umwickeln und im Backofen bei etwa 220 Grad auf dem Rost braten. Nach etwa 20 Minuten den Speck abnehmen und die Schnepfen noch etwa 5 Minuten bräunen lassen. Den Bratenfond mit saurer Sahne und Madeira auffüllen, aufkochen lassen und getrennt zum Fleisch reichen.

Beilage: Butterreis

Flambierte Schnepfen

Zutaten:
4 Schnepfen,
100 g Gänseleberpastete
(aus dem Delikateßgeschäft),
1 EL englischer Senf, 4 cl Cognac,
2 Scheiben Toastbrot,
150 g dünne Räucherspeckscheiben,
Butter, Salz, weißer Pfeffer.

Zubereitung:
Die küchenfertigen Schnepfen leicht von innen und außen salzen, mit Speck umwickeln und im Backofen etwa 15 Minuten bei mittlerer Hitze braten. Aus dem Ofen nehmen und mit dem Cognac flambieren. Die Innereien (den „Dreck") zusammen mit der Gänseleberpastete durch ein feines Sieb streichen. Diese Masse mit Salz, Pfeffer, etwas Senf und einem Tröpfchen Cognac abschmecken und auf die gerösteten Toastbrothälften streichen. Die Schnepfen auf diesen Croutons anrichten.

Schnepfenhappen

Zutaten:
Innereien und Därme von 2 Schnepfen,
1 kleine Zwiebel, 30 g Räucherspeck,
1 Eigelb, Salz, schwarzer Pfeffer,
2–3 gemahlene Wacholder-
beeren, 1 Bund Petersilie;
Butter zum Braten.

Zubereitung:
Därme, Leber und Magen gründlich waschen, klein-schneiden, die geriebene Zwiebel dazugeben, mit dem in kleine Würfel geschnittenen Speck und der feinge-hackten Petersilie vermischen, mit Salz, Pfeffer und Wacholder abschmecken. Das Eigelb dazugeben und die Masse gut verarbeiten. Dann auf dünne Weißbrotschei-ben streichen und in Butter ausbacken, bis die Masse leicht schaumig wird.
Als Vorspeise oder zum Schnepfenbraten servieren.

Gebratene Wildente mit Knoblauch

Zutaten:
2 Wildenten, 100 g Räucherspeck,
1 EL Butter, 4–5 Knoblauchzehen, Salz,
1 TL getrockneter Majoran, schwarzer Pfeffer,
Lorbeerblatt.

Zubereitung:
Die vorbereiteten Wildenten mit 1–2 Knoblauchzehen und dem Lorbeerblatt 20 Minuten mit Wasser bedeckt

kochen. Die Enten herausnehmen, abtrocknen, Brust und Keulen mit Speck- und Knoblauchstreifen spicken. Innen und außen mit Salz und Pfeffer einreiben, in die Bauchhöhle zusätzlich Majoran einreiben. In einen Bräter legen und mit Butter im Backofen knusprigbraten. Zwischendurch mit dem Bratensaft begießen.

Gefüllte Wildente am Spieß

Zutaten:
1 Wildente, 1 Brötchen,
0,1 l Fleischbrühe (Instant),
je 1 Bund Petersilie und
Schnittlauch, 1 Ei, 100 g Butter,
Salz, schwarzer Pfeffer; Zitrone.

Zubereitung:
Das Brötchen in Fleischbrühe einweichen, danach ausdrücken, feingeschnittenen Schnittlauch und Petersilie, 50 g Butter, ein gekochtes, feingehacktes Ei dazugeben, das Ganze gut vermischen. Mit Salz und Pfeffer würzen und die Ente mit der Masse füllen. Die Öffnung mit Küchengarn zunähen, die Ente auf den Spieß ziehen. Entweder auf dem Grill im Freien oder auf dem Grill im Backofen braten. Alternativ auf dem Rost des Backofens garen, zwischendurch mit zerlassener Butter bestreichen. Wenn die Wildente gar ist, in Portionen zerlegen, mit Zitronenscheiben garniert servieren.

Beilagen:
Wildreis und Preiselbeeren.

Wildentenbrüstchen mit süß-sauren Zwetschgen und grünem Pfeffer

Zutaten:
2 küchenfertige Wildenten,
1 Bund Suppengemüse,
fein zerkleinert,
1 TL grüne Pfefferkörner,
4 cl Cognac und 6 cl Madeira
mischen, 8 süß-saure Zwetschgen
enthäutet und entkernt in die
Cognac-Madeira-Mischung
über Nacht eingelegt,
6 cl süße Sahne, 3 cl Fond von den
süß-sauren Zwetschgen,
100 g Butter, ⅛ l Brühe (Instant).

Zubereitung:
Die Entenbrüstchen auslösen und die Haut entfernen.
Die Brust- und Rückenknochen kleinhacken, mit dem
Suppengemüse in einer Pfanne mit ein wenig Butter
anbraten, dann die Brühe und den Zwetschgenfond aufgießen, so daß alles knapp bedeckt ist. ½ Stunde kochen
lassen. Durch ein Sieb passieren und die Flüssigkeit wei-
terköcheln lassen, bis nur einige Eßlöffel voll übrig bleiben. Die Brüstchen in 50 g Butter schön gleichmäßig
braten, so daß sie innen noch leicht rosa sind. Die Brüstchen aus der Pfanne nehmen und heißstellen. Die
Zwetschgen aus der Cognac-Madeira-Mischung nehmen
und feinwürfeln. Pfefferkörner in die Bratbutter der
Brüstchen geben, kurz erhitzen, Cognac-Madeira-
Mischung und Sahne zugeben sowie den reduzierten

Gemüse-Knochen-Fond. Alles nochmals einkochen lassen, die Zwetschgenwürfel dazutun und die restlichen 50 g Butter in Flocken darunterrühren. Die Sauce über die Brüstchen geben und heiß servieren.

Wildente mit Pilzsauce

Zutaten:
2 Wildenten,
Salz, schwarzer Pfeffer,
100 g Räucherspeck, 1 Zwiebel,
¼ l Fleischbrühe (Instant),
250 g frische Champignons
oder 1 Dose Champignons,
⅛ l saure Sahne, 1 Eigelb,
1 Bund Petersilie.

Zubereitung:
Die vorbereiteten Enten innen mit Salz und Pfeffer ausreiben. Im würfelig geschnittenen Speck die kleingeschnittene Zwiebel goldgelb andünsten. Die Ente rundum bei großer Hitze darin anbraten und dann bei mittlerer Hitze weiterbraten. Nach halber Bratzeit mit Fleischbrühe auffüllen und bei geringer Hitze fertiggaren. Die Champignons in den Bratenfond geben, mit saurer Sahne und Eigelb binden. Kleingehackte Petersilie unter die Sauce rühren, abschmecken und getrennt servieren.

Beilage: Butternudeln

Gebratene Wildgans mit Orangen

Zutaten:
1 Wildgans, Majoran,
1 EL Orangenmarmelade,
1 TL getrockneter Rosmarin,
schwarzer Pfeffer, Salz, 4 EL Butter,
2 Tassen Fleischbrühe (Instant),
Stärkemehl, Wasser,
Saft von 2 kleinen Orangen,
8 cl Portwein, 4 Orangen, Zucker,
⅛ l saure Sahne.

Zubereitung:
Die vorbereitete Gans 2–3 Tage in Beize einlegen, dann abtrocknen und innen mit Majoran und 1 EL Orangenmarmelade einreiben. Außen mit Pfeffer und Salz einreiben und in eine Kasserolle legen, in der heißen Butter rundum kräftig anbraten. Die Fleischbrühe dazugeben und im Backofen knusprigbraten. Bei Bedarf zwischendurch etwas Beize zugeben. Herausnehmen, tranchieren und heißstellen.
Den Bratenfond mit etwas Stärkemehl, das in kaltem Wasser verrührt wurde, leicht sämig aufkochen und mit dem Portwein und dem Orangensaft abschmecken. Pro Person wird 1 Orange geschält, in fingerdicke Scheiben quer zu den Schnitzen geschnitten und in leicht gezukkerter Butter kurz auf einer Seite angebraten, um die zerteilten Gansportionen auf der Platte garniert. Einige Orangenscheiben auf den Gänseteilen dekorieren.
Die Sauce mit der sauren Sahne anrühren und getrennt servieren.

Beilagen: Kartoffelkroketten und Brokkoli

Wildenten in Wein gedünstet

Zutaten:
*2 Wildenten, 1 EL Butter,
100 g Champignons, 1 Zwiebel,
0,5 l Wein, Salz, schwarzer Pfeffer.*

Zubereitung:
Die Wildenten vierteln und in Butter kräftig anbraten, die kleingeschnittene Zwiebel und die Pilze dazugeben, würzen. Den Wein aufgießen und das Fleisch gardünsten. Die verdunstete Flüssigkeit mit Wein ersetzen.

Beilage: Erbsenreis

Gedünstete Wildgans

Zutaten:
*1 Wildgans, 100 g Räucherspeck,
1 EL Butter, 2 l Beize (nach Wahl),
6–8 schwarze Pfefferkörner, Salz,
2 EL Mehl, Rosmarin, Estragon.*

Zubereitung:
Die Wildgans 3–4 Tage beizen lassen, ab und zu wenden. Aus der Beize nehmen, mit Speckstreifen spicken, besonders Brust und Keulen, mit Salz einreiben und mit Mehl bestäuben. Das Innere mit Rosmarin und Estragon ausreiben. Die Wildgans in einen Bräter legen, eine Kelle Beize, Butter und Pfefferkörner dazugeben und im Backofen dünsten. In Portionsstücke zerlegen und im Bratensaft servieren.

Beilagen: Reis oder Butterkartoffeln

Wildgans in Sauerkraut

Zutaten:
1 Wildgans, 1 kg Sauerkraut,
0,2 l saure Sahne, Salz,
Paprika edelsüß,
schwarzer Pfeffer.

Zubereitung:
Die Wildgans zerlegen. Die Brust aufheben (z. B. für Wildgansbrust nach Jägerart). Das restliche Fleisch kleinschneiden. In einen Schmortopf zwei fingerdick Sauerkraut geben, mit Paprika und Pfeffer bestreuen, das gesalzene Gänsefleisch darauf verteilen. Darauf erneut eine Schicht Sauerkraut legen und wieder mit Paprika und Pfeffer bestreuen. Dann alles mit dem Sauerkrautsaft übergießen, wenn erforderlich, mit Wasser verdünnen, und zugedeckt gardünsten.
Wenn die Gans gar ist, das Fleisch aus dem Sauerkraut nehmen und dieses mit der sauren Sahne zum Kochen bringen, danach auf eine Platte geben und mit dem Gänsefleisch obenauf servieren.

Beilage:
Kartoffelklöße

Wildente in Rahmsauce

Zutaten:
2 Wildenten, 100 g Räucherspeck,
1 EL Butter, 2 Mohrrüben,
1 Petersilienwurzel,
1 große Zwiebel, 0,2 l saure Sahne,
0,2 l Weißwein, 3 EL Mehl,
0,2 l Fleischbrühe (Instant),
Saft einer halben Zitrone,
Salz, schwarzer Pfeffer,
2 Lorbeerblätter, 1 TL Senf.

Zubereitung:
Die vorbereiteten Wildenten mit Salz einreiben und in eine feuerfeste Schüssel legen, mit zerlassener Butter übergießen und im Backofen braten. Inzwischen den feingewürfelten Speck auslassen, das geputzte, in Scheiben geschnittene Wurzelwerk, die gewürfelte Zwiebel und die Lorbeerblätter dazugeben und zugedeckt weichdünsten. Wenn die Flüssigkeit verdunstet ist, mit ein wenig Mehl bestäuben und einige Minuten bei geringer Hitze rösten. Pfeffern, salzen und mit dem Wein aufgießen. Den Senf dazugeben, alles gut vermischen, dann durch ein Sieb passieren, die Fleischbrühe aufgießen, die saure Sahne und den Zitronensaft einrühren und aufkochen. Die gebratenen, zerlegten Enten in die Sauce geben und heiß servieren.

Beilage:
Semmelknödel

Wildgansbrust nach Jägerart

Zutaten:
2 Wildgansbrüste,
100 g Räucherspeck,
3 Mohrrüben,
3 Petersilienwurzeln, 1 Zwiebel,
3 Knoblauchzehen,
1 Paprikaschote, 1 Tomate,
0,2 l Wein, 1 EL Butter, 1 EL Mehl,
Salz, 6 Pfefferkörner.

Zubereitung:
Die Brust mit Speckstreifen dicht spicken. Die kleinegeschnittene Zwiebel in der Butter dünsten, die Brust dazugeben, den Wein aufgießen, die in Scheiben geschnittenen Wurzeln, 2 zerdrückte Knoblauchzehen, die kleingeschnittene Paprikaschote und Tomate mit den Pfefferkörnern dazugeben, salzen und zugedeckt gardünsten. Wenn das Fleisch gar ist, herausnehmen, von den Knochen lösen und in dünne Scheiben schneiden. Den Bratfond mit dem Grünzeug durch das Sieb passieren. Aus Butter und Mehl eine helle Schwitze bereiten, die Sauce eindicken und über das Fleisch gießen.

Beilage:
Reis

Reste-Essen

Auch wenn es noch so gut geschmeckt hat, bleibt häufig ein Stück Fleisch übrig. Mit diesem Rest lassen sich leckere Speisen zubereiten, denen keiner das ›Reste-Essen‹ anmerkt.

Wildpfeffer

Zutaten:
250 g Tomaten,
1 Bund Suppengrün, 3 Zwiebeln,
65 g Schmalz, ¾ l Brühe (Instant),
300–500 g feingehackte Wild-
fleischreste, gebraten oder
gekocht, 30 g Stärkemehl,
Salz, Zucker, weißer Pfeffer,
3 EL Rotwein, 2 Käsescheibletten.

Zubereitung:

Die enthäuteten, zerschnittenen Tomaten mit dem geputzten, kleingeschnittenen Suppengrün und Zwiebelwürfeln in heißem Schmalz andünsten. Mit der Brühe auffüllen. Die feingehackten Wildfleischreste dazugeben und garkochen. Mit dem in etwas Wasser angerührten Stärkemehl binden, mit Salz, etwas Zucker, Pfeffer und Rotwein abschmecken. Den Käse in kleine Quadrate schneiden, auf das Gericht legen, Deckel auf den Topf legen, bis der Käse zu schmelzen beginnt. Dann heiß servieren.

Beilage:

Reis

Pastetchen mit feinem Wildragout

Zutaten:

150 g Wildbraten-Reste,
10 g getrocknete, in Wasser
eingeweichte Steinpilze,
1 Scheibe (30 g) Schinkenspeck,
1 kleine Zwiebel, 1 EL Butter,
1 EL Mehl, ⅛ l Wildfond (Glas),
⅛ l Rotwein, 1 Stückchen
Zitronenschale, ¼ Lorbeerblatt,
20 grüne Pfefferkörner,
4 EL Crème fraîche, Salz, Pfeffer,
8 Blätterteigpastetchen oder
1 große Pastete (Tiefkühl).

Zubereitung:

Das Wildfleisch feinwürfeln. Die ausgedrückten Pilze feinhacken. Schinkenspeck und Zwiebel ebenfalls in kleine Würfel schneiden und in der Butter glasigbraten. Das Mehl hinzufügen und unter Rühren hellbraun anrösten, die Brühe und den Rotwein aufgießen. Die Gewürze und die Pilze dazugeben und die Sauce 10 Minuten kochen lassen. Crème fraîche hinzugießen, alles weitere 5 Minuten kochen lassen, mit Salz und Pfeffer abschmecken. – Die Pastetchen oder die große Pastete im Backofen erhitzen und mit dem Ragout füllen.

Omelette Försterinart

Zutaten:

250 g gebratene Wildschwein-Reste, 250 g frische Champignons, 1 kleine Zwiebel, 5 EL Butter, 1 EL Mehl, 4 EL süße Sahne, 2 cl Sherry, Salz, weißer Pfeffer, 8 Eier, 1 EL gehackte Petersilie, ½ TL Fondor.

Zubereitung:

Das Wildfleisch feinwürfeln. Die gesäuberten Champignons in dünne Scheiben schneiden, die Zwiebel feinhacken. Beides nacheinander in 1 EL Butter leicht andünsten. Das Fleisch dazugeben, mit dem Mehl bestäuben und kurz durchschmoren, dann mit der Sahne und dem Sherry ablöschen, kurz aufkochen, salzen, pfeffern und warmstellen. Die Eier, 6 EL Wasser und die Petersilie mit dem Schneebesen gut verrühren und mit Fondor abschmecken. Etwas Butter in der Pfanne erhitzen und aus ¼ des Teigs eine Omelette backen. Mit der Wildfleischfüllung bestreichen und zusammenklappen, warmstellen. Danach drei weitere Omelettes zubereiten. Alles heiß servieren.

Beilage:

Bratkartoffeln

Wildsalat ›Hubertus‹

Zutaten:

500 g Wildbraten-Reste,
1 Birne (notfalls aus der Dose), 1 Banane,
250 g frische Champignons,
250 g Senfgurken (Glas), 5 EL Öl,
2 EL Weinessig, Salz, weißer
Pfeffer, 1 TL Curry,
200 g Mayonnaise (statt der
Mayonnaise kann man auch
Joghurt verwenden),
2 cl Weinbrand, 1 Kiwi.

Zubereitung:

Das Wildfleisch und die Birne feinwürfeln oder in dünne Streifen schneiden. Die Banane in Scheiben schneiden. Die geputzten Pilze in dünne Scheiben schneiden. Die Senfgurken abtropfen lassen und würfeln. Die Pilze in 1 EL Öl kurz andünsten. Dann alle Zutaten in eine Schüssel geben. Für die Salatsauce das restliche Öl, den Essig, Salz und Pfeffer nach Geschmack, den Curry mit der Mayonnaise verrühren und mit dem Weinbrand abschmecken. Die Sauce über die Salatzutaten gießen und gut vermischen, dann kühlstellen. Den Salat mit Kiwischeiben garnieren.

Jägersalat

Zutaten:
500 g Wildbraten-Reste,
150 g frische Champignons oder
1 kl. Dose Champignons,
200 g Raclettekäse,
2 Würfel Gervais-Käse, 1 Apfel,
1 Becher saure Sahne,
Salz, schwarzer Pfeffer,
1 Zuckermelone,
2 hartgekochte Eier,
1 Kopf grüner Salat,
100 g Parmaschinken, 1 Bund Dill,
2 EL Preiselbeeren, 1 TL Obstessig,
1 TL Olivenöl.

Zubereitung:
Den Braten in feine Würfel schneiden, die Champignons kleinhacken und mit dem kleingewürfelten Raclettekäse vermengen. Den Gervais-Käse mit dem Obstessig und dem Olivenöl vermischen, Salz und Pfeffer zugeben. Den Apfel reiben, zwei EL Preiselbeeren untermischen und zusammen mit der sauren Sahne eine Sauce herstellen. Die Zuckermelone würfeln, die hartgekochten Eier feinhacken, das Ganze in einer Schüssel gut vermischen und auf Salatblättern anrichten. Den in Streifen geschnittenen Parmaschinken auf die Salatportionen legen. Den feingehackten Dill über die Portionen streuen.

Wildsalat mit Pilzen

Zutaten:
200 g Wildbraten-Reste,
200 g Pfifferlinge (Dose),
zur Saison frische,
1 TL Zitronensaft,
½ grüne Paprikaschote,
1 Tasse gekochter Reis,
1 Knoblauchzehe.
Für die Salatsauce: 1 EL Weinessig,
Salz, weißer Pfeffer,
1 TL scharfer Senf, 4 EL Öl,
2 EL süße Sahne,
1 EL gehackte Petersilie.

Zubereitung:

Das Wildfleisch in dünne Streifen schneiden, die Pfifferlinge abtropfen lassen. Die halbe entkernte Paprikaschote in sehr feine Streifen schneiden. Alle Salatzutaten mit dem Reis in einer mit einer zerdrückten Knoblauchzehe ausgeriebenen Schüssel vermischen. Den Essig mit Salz und Pfeffer verrühren, den Senf dazugeben und unter ständigem Rühren langsam das Öl hinzugießen, so daß eine cremige Marinade entsteht. Sahne und die Petersilie untermischen und über die Salatzutaten gießen.

Beizen für Wildfleisch

Insbesondere das Fleisch älterer Tiere wird durch das Beizen weicher, aromatischer und leichter verdaulich. Besondere Bedeutung kommt dem Weichmachen der Muskelfasern und der Milderung des teilweise strengen Wildgeschmacks zu. Sofern bei den Rezepten nicht anders angegeben, wird das Fleisch in erkaltete Beize eingelegt. Zu beachten ist, daß das Fleisch ganz von der Beize bedeckt sein muß und ab und zu während der Beizzeit gewendet werden sollte. Wichtig ist auch, daß nur Glas, Porzellan oder Emaillebehältnisse ohne Stoßstellen für das Einlegen verwendet werden, da ansonsten durch die Säure der Beize leicht geschmacksverfremdende Stoffe (z. B. Eisen) herausgelöst werden.
Wird das Fleisch bei Zimmertemperatur eingelegt, genügt meist eine Beizzeit von 1–2 Tagen. Im Kühlschrank oder an einem anderen kühlen Ort sollte das Fleisch 3–4 Tage in der Beize ruhen. Beim Abschmecken der Beizflüssigkeit sollte der Essig- oder Weingeschmack deutlich hervortreten, damit der Säureanteil ausreicht, um das Fleisch geschmacklich zu verbessern. Bei allen nachstehenden Rezepten die Zwiebel jeweils in Ringe, das Gemüse in dünne Scheiben schneiden. Die Wacholderbeeren zerdrücken, die Lorbeerblätter leicht zerkrümeln. Stets kräftig mit Essig abschmecken, alle Zutaten (bis auf Rezept Nr. 8) aufkochen und abgekühlt über das Fleisch gießen.

Wildbeize 1
1 l Wasser, 1 Mohrrübe, 1 Petersilienwurzel,
½ Sellerieknolle, 1 Zwiebel, Salz, 8 Pfefferkörner,
3 Lorbeerblätter, Kräuteressig.

Wildbeize 2
½ l Rotwein, ½ l Wasser, Rotwein-Essig, 1 Mohrrübe,
1 Petersilienwurzel, 1 Zwiebel, 3 Lorbeerblätter, Salz,
6 Pfefferkörner.

Wildbeize 3
½ l trockener Weißwein, 1 l Wasser, Essig, 1 Zwiebel, Salz,
10 Pfefferkörner, 4 Lorbeerblätter, 1 TL Koriander,
1 Prise Rosmarin.

Wildbeize 4
1 l Wasser, Essig, 1 Mohrrübe, 1 Petersilienwurzel,
1 Zwiebel, Salz, 8 Pfefferkörner, 3 Lorbeerblätter,
5 Wacholderbeeren.

Wildbeize 5
½ l Rotwein, ½ l Wasser, Essig, 1 Mohrrübe,
1 Petersilienwurzel, Salz, 3 Lorbeerblätter,
1 Prise Majoran, 1 TL Senfkörner, 1 EL Zucker.

Wildbeize 6
1 l Wasser, Weinessig, 1 Mohrrübe, 1 Petersilienwurzel,
1 Zwiebel, Salz, 4 Lorbeerblätter, 6 Pfefferkörner,
1 TL getrockneter Estragon, 1 Zitronenscheibe.

Wildbeize 7
1 l Wasser, Kräuteressig, Salz, 1 Mohrrübe,
1 Petersilienwurzel, 1 Zwiebel, ½ l trockener Rotwein,
8 Pfefferkörner, 3 Lorbeerblätter, 8 Kapern,
1 Prise Basilikum.

Wildbeize 8
1 l Buttermilch, 6 Wacholderbeeren, 6 Pfefferkörner,
2 Nelken, 2 Lorbeerblätter, 1 TL Suppenaromat, Salz,
abgeriebene Schale von einer ungespritzten Zitrone. Die
Zutaten kalt einlegen, die Beize nicht aufkochen.

Wildbeize 9
1 l trockener Rotwein, 1 Zwiebel, abgeriebene Schale von
½ ungespritzten Zitrone, Saft von ½ Zitrone,
2 Lorbeerblätter, 3 Nelken, 5 Wacholderbeeren,
5 Pfefferkörner.

Wildbeize 10
1 l Wasser, Kräuteressig, 6 Wacholderbeeren,
2 Lorbeerblätter, 1 Zwiebel, 1 zerdrückte Knoblauchzehe,
1 Prise Estragon.

Register
der
Rezepte

143

144